Hacker Minset

Os Pilares da Cibersegurança : Redes de Computadores

Dedicatória

Este livro é dedicado a todos aqueles que têm sede de conhecimento e paixão por explorar o mundo das redes de computadores.

A Deus em primeiro de tudo! aos meus pais, que sempre acreditaram em mim e me apoiaram incondicionalmente em cada passo da minha jornada. Seu amor e incentivo foram a base sobre a qual construí minha carreira e meus sonhos.

À minha família e amigos, que me ofereceram suporte emocional e compreensão nos momentos mais desafiadores. Vocês são a razão pela qual persisto e continuo a buscar excelência em tudo o que faço.

E, finalmente, a todos os estudantes e profissionais de TI que estão começando sua jornada neste fascinante campo. Que este livro seja uma fonte de inspiração e um recurso valioso em sua busca por conhecimento e sucesso.

Com gratidão e respeito,

Rafael da Silva Santos (**aka Th3Pr0f3ss0r**)

Direitos Autorais

Publicado por Rafael da Silva Santos

Primeira Edição: [Ago, 2024]

Rafael da Silva Santos, é um profissional apaixonado por cibersegurança, casado e pai, ele equilibra sua carreira de sucesso com uma vida familiar plena. Possui uma sólida formação acadêmica, com um Mestrado em Ciência da Computação, MBA em Governança de TI e uma Graduação em Sistemas de Informação.

Ele detém diversas certificações renomadas na área de cibersegurança, incluindo ISO 27002, Ethical Hacker, eJTP, eCPPT, DCPT, OSCE e DPO. Com mais de 12 anos de experiência em educação no ensino superior, tem sido um professor influente em cursos de graduação e MBA em segurança ofensiva, tanto em modalidades presenciais quanto a distância. Além disso, ele possui mais de 10 anos de experiência na coordenação e direção de cursos em Institutos de Tecnologia da Informação e Comunicação, onde desenvolveu currículos robustos e relevantes.

Suas contribuições para a educação e a indústria de cibersegurança incluem a criação de programas educacionais inovadores, publicação de artigos e estudos na área, e facilitação de certificações importantes para muitos profissionais. É reconhecido por sua visão estratégica, dedicação à excelência e profundo conhecimento, tornando-se uma figura inspiradora para alunos e colegas.

Rafael da Silva Santos continua a buscar novas formas de inovar e contribuir para a segurança cibernética, mantendo-se à frente das tendências e desafios da indústria. Sua habilidade em combinar ensino acadêmico com prática profissional, juntamente com seu compromisso com a educação e o avanço tecnológico, fazem dele um líder respeitado e um mentor valioso na área de tecnologia e segurança da informação.

Índice

Capítulo 1: Introdução às Redes de Computadores

1.1. Conceitos Básicos de Redes

As redes de computadores são sistemas que permitem a comunicação e compartilhamento de recursos entre diferentes dispositivos. Este módulo fornece uma visão geral dos conceitos fundamentais que formam a base das redes de computadores.

Definição de Rede de Computadores

Uma rede de computadores é um conjunto de dispositivos interconectados que compartilham informações e recursos entre si. Esses dispositivos podem incluir computadores, impressoras, servidores e outros equipamentos de rede.

História: O início das Redes de Computadores

- As primeiras redes de computadores começaram a ser desenvolvidas na década de 1950 e 1960. Essas redes eram principalmente usadas para conectar terminais a mainframes.
- O conceito de "rede de computadores" foi inicialmente introduzido com o desenvolvimento dos primeiros sistemas de tempo compartilhado, como o Projeto MAC no MIT, que permitia que vários usuários acessassem um único computador central ao mesmo tempo.

Década de 1960

ARPANET

- Em 1969, a ARPANET (Advanced Research Projects Agency Network) foi criada pelo Departamento de Defesa dos EUA como um projeto de pesquisa para desenvolver tecnologias de comunicação de rede. Ela é amplamente considerada como a precursora da Internet.

- A ARPANET usava a comutação de pacotes, uma técnica que divide os dados em pequenos pacotes que são enviados independentemente pela rede e reagrupados no destino. Isso era mais eficiente do que a comutação de circuitos usada em redes telefônicas tradicionais.

Década de 1970

Desenvolvimento de Protocolos e Expansão

- O protocolo TCP/IP (Transmission Control Protocol/Internet Protocol) foi desenvolvido por Vint Cerf e Bob Kahn em 1974. Ele se tornou a base para a comunicação na ARPANET e, posteriormente, na Internet.
- Outras redes importantes, como a Ethernet (desenvolvida por Robert Metcalfe em 1973) e a ALOHAnet (uma rede sem fio desenvolvida no Havaí), também surgiram durante essa época.

Década de 1980

Normalização e Expansão da Internet

- A ARPANET foi dividida em duas redes: ARPANET e MILNET, a parte militar da rede.
- A National Science Foundation (NSF) dos EUA criou a NSFNET em 1986, uma rede de backbone que conectava centros de supercomputação nos EUA e que se tornou a espinha dorsal da Internet moderna.
- A Ethernet começou a ser amplamente adotada em redes locais (LANs), tornando-se um padrão para a comunicação em redes de computadores.

Década de 1990

A Era da Internet Comercial

- Em 1991, a NSFNET levantou restrições comerciais, permitindo o uso comercial da Internet, o que levou a um rápido crescimento e à criação de muitos serviços online.
- A World Wide Web (WWW) foi inventada por Tim Berners-Lee em 1989 e tornou-se amplamente popular em meados da década de 1990, facilitando o acesso e a navegação na Internet através de navegadores web.
- A introdução de navegadores gráficos, como o Mosaic e, posteriormente, o Netscape Navigator, ajudou a popularizar a Internet entre o público em geral.

Década de 2000 e Além

Redes Sociais e Dispositivos Móveis

- A década de 2000 viu o surgimento de redes sociais como Facebook, Twitter e LinkedIn, que mudaram significativamente a maneira como as pessoas se comunicam e compartilham informações online.
- A popularização de dispositivos móveis, como smartphones e tablets, transformou ainda mais o acesso à Internet, permitindo que as pessoas permanecessem conectadas em praticamente qualquer lugar.
- Tecnologias de rede sem fio, como Wi-Fi e 4G/5G, expandiram ainda mais o alcance e a conveniência do acesso à Internet.

Importância das Redes

As redes são essenciais para a operação de sistemas modernos, permitindo a comunicação eficiente, o compartilhamento de dados e recursos e o acesso à internet. Elas suportam uma ampla gama de aplicações, desde o envio de e-mails até a execução de transações bancárias online.

Diagrama de Alto Nível

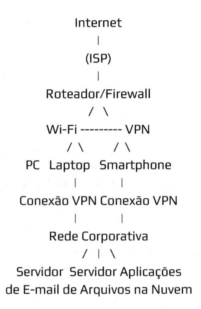

```
                    Internet
                       |
                     (ISP)
                       |
               Roteador/Firewall
                    /  \
            Wi-Fi --------- VPN
              / \      / \
            PC  Laptop  Smartphone
                   |        |
            Conexão VPN Conexão VPN
                   |        |
               Rede Corporativa
                  /  |  \
            Servidor  Servidor Aplicações
            de E-mail de Arquivos na Nuvem
```

Descrição do Diagrama

1. **Internet**: A conexão com a internet é fornecida pelo Provedor de Serviços de Internet (ISP).
2. **Roteador/Firewall**: O roteador gerencia a conexão de internet para todos os dispositivos em casa, e o firewall embutido fornece segurança básica.
3. **Wi-Fi e Conexões Físicas**: O roteador oferece conexão Wi-Fi para dispositivos como PC, laptop e smartphone. Dispositivos conectados via cabo Ethernet podem ser adicionados ao diagrama.
4. **VPN (Virtual Private Network)**: A VPN cria uma conexão segura entre os dispositivos do usuário e a rede

corporativa, garantindo a segurança e privacidade dos dados.

5. **Serviços de Nuvem e Servidores**: Os dispositivos do usuário acessam vários serviços online, como e-mail, videoconferência, armazenamento em nuvem e servidores corporativos.

1.2. Tipos de Redes

Existem diferentes tipos de redes de computadores, cada uma com características e propósitos específicos:

LAN (Local Area Network)

Uma LAN conecta dispositivos dentro de uma área geograficamente limitada, como um escritório ou um edifício. As LANs são conhecidas por suas altas taxas de transferência de dados e baixo custo de instalação.

Exemplo: Rede de um escritório

Em um escritório, os computadores, impressoras e outros dispositivos estão conectados entre si através de uma rede LAN. Essa rede permite a comunicação e o compartilhamento de recursos entre os dispositivos dentro de um mesmo local, como um prédio ou um andar de um edifício.

WAN (Wide Area Network)

As WANs abrangem áreas geográficas amplas, como cidades, países ou até continentes. Elas conectam várias LANs e utilizam tecnologias como satélites e cabos de fibra ótica. A internet é o exemplo mais conhecido de uma WAN.

Exemplo: Internet

A internet é o maior exemplo de uma WAN, pois conecta redes de computadores em todo o mundo. Outra exemplo é a rede de um banco, que conecta suas filiais em diferentes cidades ou até países, permitindo a comunicação e a transferência de dados entre elas.

MAN (Metropolitan Area Network)

Uma MAN cobre uma área maior que uma LAN, mas menor que uma WAN, como uma cidade ou um campus universitário. As MANs são usadas para conectar várias LANs dentro de uma área metropolitana.

Exemplo: Rede de uma cidade

Um exemplo de MAN é a rede que conecta vários campi de uma universidade dentro de uma cidade. Outra exemplo é a rede de telecomunicações que conecta diversos prédios de escritórios de uma empresa em uma mesma área metropolitana.

PAN (Personal Area Network)

Uma PAN é uma rede de curto alcance que conecta dispositivos pessoais, como smartphones, laptops e tablets, geralmente via Bluetooth ou USB.

Exemplo: Conexão Bluetooth entre dispositivos pessoais

Um exemplo de PAN é a conexão Bluetooth entre um smartphone e um fone de ouvido sem fio. Nesta rede, os dispositivos estão muito próximos uns dos outros e a conexão é usada para transferir dados a curtas distâncias, como músicas ou chamadas de voz.

1.3. Topologias de Rede

A topologia de uma rede define a estrutura e a disposição dos dispositivos interconectados. As topologias comuns incluem:

Estrela

Na topologia em estrela, todos os dispositivos estão conectados a um único ponto central, como um switch ou roteador. Esta configuração é fácil de gerenciar e isolar problemas.

Exemplo: Em uma rede de escritório pequeno, todos os computadores e dispositivos estão conectados a um switch central. O switch atua como um ponto central de comunicação, enviando dados para os dispositivos corretos na rede. Se um cabo entre um dispositivo e o switch falhar, apenas aquele dispositivo será afetado, enquanto o restante da rede continua a funcionar normalmente.

Diagrama Estrela

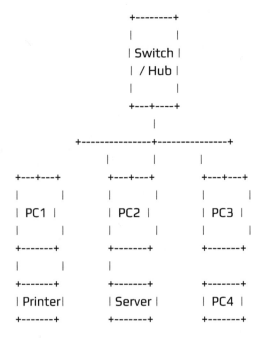

Explicação do Diagrama

1. **Dispositivo Central (Switch/Hub)**:
   - No centro da topologia estrela, temos um switch ou hub. Este dispositivo é crucial, pois todos os outros dispositivos se conectam a ele.
   - O switch/hub gerencia a transmissão de dados, garantindo que os pacotes de dados sejam enviados para os dispositivos corretos.
2. **Dispositivos Finais**:
   - **PC1, PC2, PC3, PC4**: Representam computadores conectados ao switch/hub. Eles podem ser desktops, laptops, ou outros dispositivos de computação.
   - **Printer**: Uma impressora conectada à rede, permitindo que qualquer computador na rede envie documentos para impressão.
   - **Server**: Um servidor conectado à rede, fornecendo serviços como armazenamento de arquivos, hospedagem de aplicações, etc.
3. **Conexões**:
   - Cada dispositivo final (PCs, impressora, servidor) está conectado diretamente ao switch/hub via cabos de rede (Ethernet).
   - Todas as comunicações entre dispositivos na rede passam pelo switch/hub, que direciona o tráfego de dados para o destino correto.

Barramento

Na topologia de barramento, todos os dispositivos compartilham um único meio de comunicação, como um cabo coaxial. Embora econômica, essa topologia pode ser limitada em termos de desempenho e escalabilidade.

Exemplo: Em algumas redes de automação industrial mais antigas, todos os dispositivos são conectados a um único cabo de barramento. Todos os dispositivos compartilham o mesmo meio de comunicação e os dados são transmitidos ao longo do cabo. Se o cabo do barramento falhar, a comunicação em toda a rede é interrompida.

Diagrama Barramento

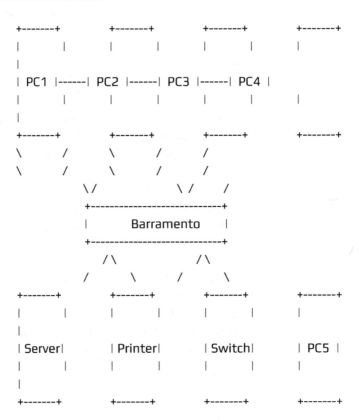

Explicação do Diagrama

1. **Barramento (Backbone):**
   - O cabo central (barramento) é o meio pelo qual todos os dispositivos se comunicam. Este cabo pode ser um cabo coaxial ou qualquer outro meio físico de transmissão.

- Todos os dados transmitidos pelos dispositivos percorrem o barramento.
2. **Dispositivos Finais**:
    - **PC1, PC2, PC3, PC4, PC5**: Computadores conectados diretamente ao barramento. Eles representam dispositivos de usuário final.
    - **Server**: Um servidor conectado ao barramento, fornecendo serviços de rede como armazenamento de arquivos, impressão, etc.
    - **Printer**: Uma impressora conectada ao barramento, disponível para todos os dispositivos na rede.
    - **Switch**: Um switch que pode estar conectado ao barramento para permitir a expansão da rede ou a conexão de dispositivos adicionais.
3. **Conexões**:
    - Cada dispositivo se conecta ao barramento através de um conector T ou algum outro tipo de conexão que permite que o dispositivo se comunique através do barramento.

Anel

Na topologia em anel, os dispositivos estão conectados em uma configuração circular. Os dados circulam em uma única direção, passando por cada dispositivo até chegar ao destino.

Exemplo: A topologia de anel foi usada em redes Token Ring, onde cada dispositivo está conectado a outros dois dispositivos, formando um anel. Os dados viajam em uma direção ao redor do anel, passando por cada dispositivo até chegar ao destino. Se um dispositivo falhar, a rede pode ser interrompida, mas alguns sistemas têm mecanismos para reconfigurar o anel e manter a comunicação.

Diagrama Estrela

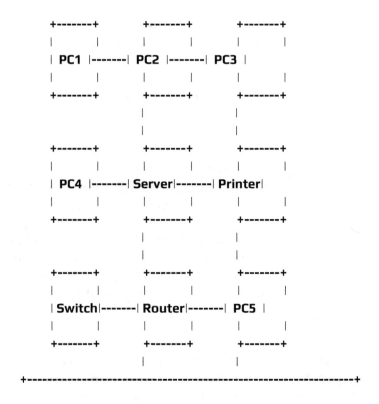

```
+-------+        +-------+        +-------+
|       |        |       |        |       |
| PC1  |-------| PC2  |-------| PC3  |
|       |        |       |        |       |
+-------+        +-------+        +-------+
                    |                |
                    |                |
+-------+        +-------+        +-------+
|       |        |       |        |       |
| PC4  |-------| Server|-------| Printer|
|       |        |       |        |       |
+-------+        +-------+        +-------+
                    |                |
                    |                |
+-------+        +-------+        +-------+
|       |        |       |        |       |
|Switch|-------| Router|-------| PC5  |
|       |        |       |        |       |
+-------+        +-------+        +-------+
                    |                |
+------------------------------------------------------------------+
```

Explicação do Diagrama

1. **Dispositivos Finais:**
   - **PC1, PC2, PC3, PC4, PC5**: Computadores conectados no anel, representando dispositivos de usuário final.
   - **Server**: Um servidor conectado ao anel, fornecendo serviços de rede como armazenamento de arquivos, impressão, etc.
   - **Printer**: Uma impressora conectada ao anel, disponível para todos os dispositivos na rede.

- ○ **Switch**: Um switch conectado ao anel, permitindo a expansão da rede ou a conexão de dispositivos adicionais.
- ○ **Router**: Um roteador que pode ser usado para conectar a rede anel à internet ou a outras redes.

2. **Conexões**:
   - ○ Cada dispositivo está conectado a dois outros dispositivos, formando um círculo ou anel.
   - ○ Os dados circulam pelo anel em uma direção, passando por cada dispositivo até alcançar o destino.

Malha

Na topologia em malha, cada dispositivo está conectado a vários outros dispositivos. Isso proporciona alta redundância e confiabilidade, mas pode ser complexo e caro de implementar.

Exemplo: Em redes de comunicação militares, uma topologia de malha completa pode ser usada para garantir alta redundância e resiliência. Cada dispositivo está conectado a vários outros dispositivos, permitindo múltiplos caminhos para os dados viajarem. Se um caminho falhar, os dados podem ser redirecionados por outro caminho, garantindo que a comunicação continue.

Diagrama Malha

```
+-------+          +-------+
|       |          |       |
| PC1  |--------| PC2  |
|       |          |       |
+---+---+          +---+---+
|                  |
|                  |
+---+---+          +---+---+
|       |          |       |
| PC3  |--------| PC4  |
|       |          |       |
+---+---+          +---+---+
|                  |
|                  |
+---+---+          +---+---+
|       |          |       |
| PC5  |--------|Server |
|       |          |       |
+---+---+          +---+---+
|                  |
|                  |
+---+---+          +---+---+
|       |          |       |
|Switch |--------|Router |
|       |          |       |
+-------+          +-------+
```

Explicação do Diagrama

1. **Dispositivos Finais:**
   - **PC1, PC2, PC3, PC4, PC5:** Computadores conectados na malha, representando dispositivos de usuário final.
   - **Server:** Um servidor conectado na malha, fornecendo serviços de rede como armazenamento de arquivos, impressão, etc.
   - **Switch:** Um switch conectado na malha, permitindo a expansão da rede ou a conexão de dispositivos adicionais.
   - **Router:** Um roteador que pode ser usado para conectar a rede em malha à internet ou a outras redes.
2. **Conexões:**
   - Cada dispositivo está conectado a vários ou todos os outros dispositivos, formando uma rede de conexões redundantes.
   - Os dados podem percorrer múltiplos caminhos para alcançar o destino, aumentando a resiliência da rede.

1.4. Modelos de Referência OSI e TCP/IP

Modelo OSI

O Modelo de Referência OSI (Open Systems Interconnection) é um modelo teórico que divide a comunicação de rede em sete camadas: Física, Enlace de Dados, Rede, Transporte, Sessão, Apresentação e Aplicação. Cada camada tem funções específicas e se comunica com a camada diretamente acima e abaixo dela.

- **Camada Física:** Define os aspectos físicos da conexão de rede, como cabos e sinais.

- **Camada de Enlace de Dados**: Garante a transferência de dados livre de erros entre dois pontos na rede.
- **Camada de Rede**: Gerencia o roteamento dos dados pela rede.
- **Camada de Transporte**: Garante a entrega confiável e a integridade dos dados.
- **Camada de Sessão**: Gerencia e mantém conexões entre aplicativos.
- **Camada de Apresentação**: Traduz os dados entre o formato usado pela rede e o formato usado pelo aplicativo.
- **Camada de Aplicação**: Suporta serviços de rede e aplicativos de usuário final.

Diagrama Modelo OSI

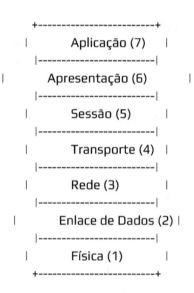

```
        +-------------------------+
        |      Aplicação (7)      |
        |-------------------------|
        |    Apresentação (6)     |
        |-------------------------|
        |       Sessão (5)        |
        |-------------------------|
        |      Transporte (4)     |
        |-------------------------|
        |        Rede (3)         |
        |-------------------------|
        |   Enlace de Dados (2)   |
        |-------------------------|
        |       Física (1)        |
        +-------------------------+
```

Modelo TCP/IP

O Modelo TCP/IP (Transmission Control Protocol/Internet Protocol) é mais prático e amplamente utilizado, com quatro camadas: Acesso à Rede, Internet, Transporte e Aplicação.

- **Camada de Acesso à Rede**: Corresponde às camadas Física e de Enlace de Dados do modelo OSI.
- **Camada de Internet**: Equivalente à camada de Rede do modelo OSI, responsável pelo endereçamento e roteamento.
- **Camada de Transporte**: Similar à camada de Transporte do modelo OSI, garante a transferência confiável de dados.
- **Camada de Aplicação**: Combina as três camadas superiores do modelo OSI (Aplicação, Apresentação e Sessão), suportando diversos protocolos e serviços, como HTTP, FTP e SMTP.

Diagrama Modelo TCP/IP

```
+------------------------+
|  Aplicação (4)         |
|------------------------|
|  Transporte (3)        |
|------------------------|
|  Internet (2)          |
|------------------------|
|  Rede/Física (1)       |
+------------------------+
```

Capítulo 2: Camada Física

2.1. Meios de Transmissão

Os meios de transmissão são os caminhos físicos pelos quais os sinais de dados são transmitidos entre dispositivos em uma rede. Existem diferentes tipos de meios de transmissão, cada um com suas características específicas:

Cabo Coaxial

O cabo coaxial é composto por um núcleo de cobre rodeado por um isolante, uma blindagem metálica e uma camada externa de proteção. É amplamente utilizado em redes de televisão a cabo e em alguns tipos de redes de computadores.

Características:

- **Impedância:** Geralmente 50 ou 75 ohms.
- **Largura de Banda:** Adequada para frequências de até vários GHz.
- **Uso:** Amplamente utilizado para transmissão de sinais de televisão e internet a cabo.
- **Vantagens:** Boa proteção contra interferências eletromagnéticas (EMI) e capacidade de transmitir sinais a longas distâncias sem muita degradação.
- **Desvantagens:** Relativamente grosso e rígido, o que pode dificultar a instalação; mais caro em comparação ao par trançado.

Par Trançado

O cabo de par trançado consiste em pares de fios de cobre trançados entre si para reduzir a interferência eletromagnética. É o meio mais comum para redes de computadores.

Tipos:

- **UTP (Unshielded Twisted Pair):** Sem blindagem.
- **STP (Shielded Twisted Pair):** Com blindagem individual para cada par ou para o cabo inteiro.

Características:

- **Categoria:** Variam de Cat 1 a Cat 8, com diferentes capacidades de largura de banda e taxas de transmissão (ex: Cat 5e suporta até 1 Gbps, Cat 6a até 10 Gbps).
- **Largura de Banda:** Dezenas a centenas de MHz.
- **Uso:** Redes de telefonia, LANs (Local Area Networks), e conexões de Internet.
- **Vantagens:** Econômico, flexível e fácil de instalar.
- **Desvantagens:** Menor alcance e suscetível a interferências em comparação com a fibra óptica.

Fibra Óptica

A fibra óptica utiliza filamentos de vidro ou plástico para transmitir dados na forma de pulsos de luz. É ideal para longas distâncias e altas velocidades.

Tipos:

- **Monomodo:** Núcleo pequeno (cerca de 9 micrômetros de diâmetro) para transmissão a longas distâncias.
- **Multimodo:** Núcleo maior (cerca de 50 a 62,5 micrômetros de diâmetro) para transmissão a curtas e médias distâncias.

Características:

- **Largura de Banda:** Muito alta, podendo atingir várias centenas de terabits por segundo.
- **Uso:** Backbone de redes, conexões de longa distância, redes metropolitanas e ambientes de data centers.

- **Vantagens**: Altíssima capacidade de transmissão, imunidade a interferências eletromagnéticas, adequado para longas distâncias.
- **Desvantagens**: Custo mais elevado e maior complexidade de instalação e manutenção.

2.2. Dispositivos de Rede

Os dispositivos de rede são componentes essenciais que permitem a conexão e a comunicação entre diferentes dispositivos em uma rede. Entre os principais dispositivos estão:

Switches

Os switches são dispositivos que conectam múltiplos dispositivos em uma rede e encaminham os dados apenas para o dispositivo de destino específico.

- **Vantagens**: Mais eficientes e seguros que os hubs, melhor gerenciamento de largura de banda.
- **Desvantagens**: Um pouco mais caros que os hubs.

Principais Características de um Switch

Número de Portas

- **Descrição:** A quantidade de portas determina quantos dispositivos podem ser conectados ao switch.
- **Exemplo:** Switches comuns têm 8, 16, 24, ou 48 portas.

Velocidade de Porta

- **Descrição:** A velocidade de cada porta indica a taxa de transferência de dados.
- **Exemplo:** Pode ser 10/100 Mbps (Fast Ethernet), 1 Gbps (Gigabit Ethernet) ou 10 Gbps (10 Gigabit Ethernet).

Switches Gerenciáveis vs. Não Gerenciáveis

- **Gerenciáveis:** Oferecem controle e monitoramento detalhado sobre a rede. Podem ser configurados para VLANs, QoS, e possuem SNMP para gerenciamento remoto.
- **Não Gerenciáveis:** Plug-and-play, sem opções de configuração avançada, adequados para redes pequenas e simples.

Suporte a VLANs (Virtual Local Area Networks)

- **Descrição:** Permitem segmentar a rede em diferentes sub-redes lógicas, melhorando a segurança e o gerenciamento do tráfego.
- **Exemplo:** Separar a rede de uma empresa em VLANs para diferentes departamentos.

QoS (Quality of Service)

- **Descrição:** Priorização de tráfego de rede para garantir desempenho de serviços críticos.
- **Exemplo:** Priorizar o tráfego de voz sobre IP (VoIP) para garantir chamadas de alta qualidade.

Power over Ethernet (PoE)

- **Descrição:** Fornece energia elétrica através dos cabos Ethernet para dispositivos como câmeras IP, telefones VoIP e pontos de acesso sem fio.
- **Exemplo:** Facilita a instalação de dispositivos em locais sem acesso fácil a tomadas elétricas.

Capacidade de Switching (Switching Capacity) e Throughput

- **Capacidade de Switching:** Medida da quantidade total de dados que um switch pode processar por segundo.

- **Throughput:** Medida da taxa de transferência real de dados entre as portas do switch.

Latência

- **Descrição:** O tempo que leva para um pacote de dados atravessar o switch. Menor latência é preferível para aplicações em tempo real.

Redundância e Tolerância a Falhas

- **Descrição:** Recursos como STP (Spanning Tree Protocol) evitam loops na rede e oferecem caminhos redundantes.
- **Exemplo:** Permite a criação de redes resilientes que continuam operando mesmo se uma parte da rede falhar.

Recursos de Segurança

- **Descrição:** Incluem autenticação 802.1X, listas de controle de acesso (ACLs), e proteção contra ataques DDoS.
- **Exemplo:** Impede acesso não autorizado e protege a rede contra ameaças.

Suporte a Jumbo Frames

- **Descrição:** Capacidade de processar quadros Ethernet maiores que o padrão de 1500 bytes, útil para melhorar a eficiência em redes de alto desempenho.

Funcionalidades de Empilhamento (Stacking)

- **Descrição:** Permitem que múltiplos switches sejam conectados e gerenciados como uma única unidade lógica.

- **Exemplo:** Facilita a expansão e o gerenciamento de grandes redes.

Compatibilidade com IPv6

- **Descrição:** Suporte para o protocolo IPv6, essencial para redes modernas que estão migrando do IPv4.

Monitoramento e Gerenciamento Remoto

- **Descrição:** Utilização de protocolos como SNMP, Telnet, SSH, e interfaces web para gerenciar e monitorar o switch remotamente.

Roteadores

Os roteadores são dispositivos que conectam redes diferentes e encaminham os dados entre elas. Eles também podem oferecer funcionalidades adicionais, como firewall e NAT (Network Address Translation).

- **Vantagens:** Essenciais para a comunicação entre diferentes redes, oferecem segurança e gerenciamento de rede avançado.
- **Desvantagens:** Custo mais elevado e maior complexidade de configuração.

Principais Características de um Roteador

Função de Roteamento

- **Descrição:** Capacidade de direcionar pacotes de dados entre diferentes redes, utilizando tabelas de roteamento.
- **Exemplo:** Conecta uma rede doméstica à Internet, encaminhando o tráfego entre dispositivos internos e a rede externa.

Número de Portas WAN e LAN

- **Portas WAN:** Conectam o roteador à internet ou outras redes externas.
- **Portas LAN:** Conectam dispositivos internos como computadores, impressoras e switches.
- **Exemplo:** Roteadores residenciais geralmente têm uma porta WAN e quatro portas LAN.

Velocidade de Transferência

- **Descrição:** Taxa de dados máxima que o roteador pode processar.
- **Exemplo:** 100 Mbps, 1 Gbps (Gigabit), ou 10 Gbps (10 Gigabit).

Protocolos de Roteamento

- **Descrição:** Suporte a protocolos de roteamento como RIP, OSPF, BGP, que permitem a troca de informações de roteamento entre roteadores.
- **Exemplo:** OSPF é comum em redes corporativas para roteamento dinâmico.

Quality of Service (QoS)

- **Descrição:** Prioriza o tráfego de rede para garantir desempenho otimizado para aplicações críticas como streaming de vídeo e jogos online.
- **Exemplo:** Configurar QoS para priorizar tráfego de voz sobre IP (VoIP) para chamadas mais claras.

Capacidade de NAT (Network Address Translation)

- **Descrição:** Permite que múltiplos dispositivos em uma rede local compartilhem uma única conexão de Internet pública.

- **Exemplo:** Traduz endereços IP internos privados para um endereço IP público.

Suporte a VLANs

- **Descrição:** Capacidade de segmentar a rede em sub-redes lógicas distintas.
- **Exemplo:** Separar tráfego de convidados do tráfego corporativo em um ambiente de escritório.

Redundância e Alta Disponibilidade

- **Descrição:** Recursos como failover e balanceamento de carga garantem continuidade de serviço em caso de falhas.
- **Exemplo:** Dual WAN para conectar a dois provedores de internet diferentes.

Gerenciamento Remoto

- **Descrição:** Ferramentas para monitorar e configurar o roteador remotamente, utilizando interfaces web, SNMP, ou aplicativos móveis.
- **Exemplo:** Ajustar configurações de rede de qualquer lugar através de um app de smartphone.

Port Forwarding e DMZ

- **Port Forwarding:** Redireciona tráfego externo a portas específicas para dispositivos internos.
- **DMZ (Demilitarized Zone):** Isola um dispositivo na rede para expor a internet sem comprometer a segurança da rede interna.
- **Exemplo:** Configurar uma DMZ para um servidor de jogos online.

IPv6 Compatibilidade

- **Descrição:** Suporte para o mais recente protocolo de endereçamento IP.
- **Exemplo:** Preparação para a crescente adoção de endereços IPv6.

2.3. Técnicas de Modulação e Codificação

A modulação e a codificação são técnicas utilizadas para preparar os sinais de dados para transmissão através dos meios físicos.

Modulação

A modulação é o processo de alterar as propriedades de uma onda portadora (frequência, amplitude ou fase) para transportar os dados.

- **Tipos de Modulação:**
  - **Modulação em Amplitude (AM):** A amplitude da onda portadora é variada em função do sinal de dados.
  - **Modulação em Frequência (FM):** A frequência da onda portadora é variada conforme o sinal de dados.
  - **Modulação em Fase (PM):** A fase da onda portadora é alterada de acordo com o sinal de dados.

Codificação

A codificação é a conversão dos dados digitais em um formato adequado para transmissão. Isso inclui a conversão de bits em sinais elétricos ou ópticos.

- **Codificação de Linha**: Técnicas como NRZ (Non-Return to Zero), Manchester e 4B/5B são usadas para representar os dados digitais em sinais.
- **Codificação de Canal**: Técnicas como FEC (Forward Error Correction) são usadas para detectar e corrigir erros durante a transmissão.

2.4. Padrões Ethernet

Ethernet é a tecnologia de rede local mais comum, padronizada pelo IEEE 802.3. Ela define como os dispositivos de rede podem formatar e transmitir dados.

Evolução dos Padrões Ethernet

- **Ethernet 10BASE-T**: Velocidade de 10 Mbps utilizando cabos de par trançado.
- **Fast Ethernet (100BASE-TX)**: Velocidade de 100 Mbps, também usando cabos de par trançado.
- **Gigabit Ethernet (1000BASE-T)**: Velocidade de 1 Gbps, utiliza cabos de par trançado Cat5e ou superiores.
- **10 Gigabit Ethernet (10GBASE-T)**: Velocidade de 10 Gbps, requer cabos de par trançado Cat6a ou superiores.

Estrutura de Frame Ethernet

Um frame Ethernet contém várias partes importantes:

- **Preamble**: Sequência de bits usada para sincronização.
- **Destination Address**: Endereço MAC do dispositivo de destino.
- **Source Address**: Endereço MAC do dispositivo de origem.
- **Type/Length**: Identifica o tipo de protocolo ou o comprimento do campo de dados.
- **Data**: Os dados a serem transmitidos.

- **FCS (Frame Check Sequence)**: Utilizado para verificação de erros.

2.5. Conexões Wireless

Conexões de redes wireless, ou redes sem fio, são métodos de comunicação que utilizam ondas de rádio ou outras formas de transmissão sem fio para conectar dispositivos à internet ou entre si sem a necessidade de cabos físicos. Aqui estão alguns detalhes adicionais:

Características Principais das Conexões de Redes Wireless:

1. **Mobilidade**:
   - Permite que os usuários se movam livremente dentro de uma área de cobertura enquanto permanecem conectados à rede.
2. **Flexibilidade**:
   - Facilita a adição e remoção de dispositivos sem a necessidade de reconfiguração física da rede.
3. **Facilidade de Instalação**:
   - Reduz a necessidade de cabos, o que simplifica a configuração e a expansão da rede.
4. **Alcance Variável**:
   - Pode variar de poucos metros (como Bluetooth) até vários quilômetros (como WiMAX e redes de satélite).

Tipos Comuns de Conexões de Redes Wireless:

1. **Wi-Fi**:
   - Utiliza ondas de rádio para fornecer conectividade de rede local a dispositivos como laptops, smartphones e tablets.
   - Frequências comuns: 2.4 GHz e 5 GHz.
2. **Bluetooth**:
   - Projetado para comunicação de curto alcance entre dispositivos como fones de ouvido, teclados e smartphones.
   - Frequência comum: 2.4 GHz.
3. **NFC (Near Field Communication)**:

- Permite a comunicação em curtas distâncias (até 4 cm) para aplicações como pagamentos móveis e emparelhamento de dispositivos.
- Frequência comum: 13.56 MHz.

4. **Zigbee e Z-Wave**:
   - Tecnologias usadas principalmente em automação residencial para controlar dispositivos como luzes, termostatos e fechaduras.
   - Frequências comuns: 2.4 GHz (Zigbee), 908.42 MHz (Z-Wave).

5. **Infrared (IR)**:
   - Utiliza luz infravermelha para comunicação de curto alcance, frequentemente usada em controles remotos de TV.

6. **WiMAX**:
   - Proporciona acesso à internet de banda larga em áreas metropolitanas e rurais.
   - Frequências comuns: 2.3 GHz, 2.5 GHz, 3.5 GHz.

7. **LoRaWAN**:
   - Utilizada para comunicação de longa distância e baixo consumo de energia em redes IoT.
   - Frequências comuns: 868 MHz (Europa), 915 MHz (América do Norte).

8. **5G**:
   - A quinta geração de tecnologia de rede móvel, oferecendo alta velocidade, baixa latência e maior capacidade.
   - Frequências: sub-6 GHz e ondas milimétricas acima de 24 GHz.

9. **Satellite Internet**:
   - Conecta dispositivos à internet via satélites em órbita, útil em áreas remotas.
   - Frequências comuns: C-band, Ku-band, Ka-band.

Vantagens das Conexões Wireless:

- **Conveniência**: Elimina a necessidade de cabos, facilitando a conexão de múltiplos dispositivos.
- **Facilidade de Expansão**: Permite adicionar novos dispositivos sem a necessidade de infraestrutura adicional.
- **Acesso Remoto**: Permite o acesso à internet e a recursos de rede de praticamente qualquer lugar dentro da área de cobertura.

Desvantagens das Conexões Wireless:

- **Segurança**: Redes sem fio podem ser mais vulneráveis a ataques, exigindo medidas de segurança adicionais como criptografia.
- **Interferência**: Pode ser afetada por interferências de outros dispositivos eletrônicos e obstáculos físicos.
- **Velocidade e Estabilidade**: Podem ser inferiores às conexões com fio, dependendo da tecnologia e da qualidade do sinal.

Capítulo 3: Camada de Enlace de Dados

3.1. Função da Camada de Enlace

A camada de enlace de dados, a segunda camada do modelo OSI, é fundamental para a comunicação de rede. Suas principais funções incluem:

- **Framing**: Divide os dados recebidos da camada de rede em quadros ou frames, adicionando cabeçalhos e trailers para identificação e controle de erro.
- **Controle de Acesso ao Meio (MAC)**: Regula o acesso ao meio físico para evitar colisões e garantir a transmissão ordenada dos dados.
- **Detecção e Correção de Erros**: Utiliza códigos de verificação, como CRC (Cyclic Redundancy Check), para detectar e corrigir erros que ocorrem durante a transmissão.
- **Endereçamento Físico**: Utiliza endereços MAC para identificar dispositivos na rede, permitindo a entrega correta dos frames.

3.2. Endereçamento MAC

O que é um Endereço MAC?

O endereço MAC (Media Access Control) é um identificador único atribuído a cada interface de rede em um dispositivo. Ele consiste em 48 bits (6 bytes) e é geralmente representado em formato hexadecimal, por exemplo, 00:1A:2B:3C:4D:5E.

Estrutura do Endereço MAC

- **OUI (Organizationally Unique Identifier)**: Os primeiros 24 bits (3 bytes) identificam o fabricante do dispositivo.
- **NIC (Network Interface Controller)**: Os últimos 24 bits (3 bytes) são únicos para cada interface produzida pelo fabricante.

Função do Endereço MAC

Os endereços MAC são usados para garantir que os frames sejam entregues ao dispositivo correto em uma rede local. Eles são essenciais para a operação de switches, que utilizam tabelas de endereços MAC para encaminhar frames para os destinos corretos.

3.3. Comutação e VLANs

Comutação (Switching)

A comutação é o processo de encaminhar frames de dados dentro de uma rede local. Os switches, dispositivos de camada de enlace, desempenham um papel crucial na comutação.

- **Tabela de Endereços MAC**: Os switches mantêm uma tabela de endereços MAC que mapeia cada endereço MAC conhecido ao porto correspondente no switch.
- **Encaminhamento de Frames**: Quando um frame chega a um switch, o dispositivo verifica o endereço MAC de destino e encaminha o frame para o porto apropriado.

VLANs (Virtual Local Area Networks)

As VLANs permitem a segmentação lógica de uma rede física em várias sub-redes independentes.

- **Benefícios das VLANs**: Melhoram a segurança, reduzem o domínio de broadcast e aumentam a eficiência da rede.
- **Funcionamento das VLANs**: Cada porta do switch pode ser configurada para pertencer a uma VLAN específica, permitindo que os dispositivos conectados a essas portas comuniquem-se como se estivessem em uma rede separada.
- **Tagging de VLAN**: O protocolo 802.1Q é utilizado para adicionar tags VLAN aos frames, permitindo que frames

de diferentes VLANs sejam transportados pela mesma infraestrutura física.

3.4. Protocolos de Controle de Acesso ao Meio (CSMA/CD, CSMA/CA)

CSMA/CD (Carrier Sense Multiple Access with Collision Detection)

CSMA/CD é um protocolo de controle de acesso ao meio utilizado principalmente em redes Ethernet com topologia de barramento.

- **Funcionamento**: Antes de transmitir, um dispositivo verifica se o meio está livre. Se estiver, inicia a transmissão. Se ocorrer uma colisão (dois dispositivos transmitindo simultaneamente), ambos detectam a colisão, interrompem a transmissão e tentam novamente após um tempo aleatório.
- **Limitações**: Com a adoção de switches e a mudança para topologias de estrela, o uso de CSMA/CD diminuiu significativamente.

CSMA/CA (Carrier Sense Multiple Access with Collision Avoidance)

CSMA/CA é um protocolo utilizado em redes sem fio, como o Wi-Fi, para evitar colisões.

- **Funcionamento**: Similar ao CSMA/CD, mas com medidas preventivas adicionais. Os dispositivos enviam um sinal de intenção antes de transmitir dados para garantir que o meio esteja livre.
- **Processo de Evitação de Colisões**: Inclui a espera por um período específico após verificar o meio, e o uso de ACK (acknowledgment) para confirmar a recepção dos dados.

Capítulo 4: Camada de Rede

4.1. Endereçamento IP (IPv4 e IPv6)

IPv4

IPv4 (Internet Protocol version 4) é a quarta versão do protocolo de Internet e um dos principais protocolos que permite a comunicação na internet. Foi desenvolvido no início dos anos 1980 e é amplamente utilizado para identificar dispositivos em uma rede usando um sistema de endereçamento numérico.

Estrutura de Endereço IPv4

- **Comprimento:** 32 bits.
- **Formato:** Representado por quatro números decimais separados por pontos, cada um variando de 0 a 255 (por exemplo, 192.168.1.1).
- **Exemplo:** 192.168.0.1

Estrutura de Cabeçalho IPv4

O cabeçalho IPv4 possui vários campos importantes para o roteamento e entrega de pacotes:

1. **Versão:** Indica a versão do protocolo, que é 4 para IPv4.
2. **IHL (Internet Header Length):** Comprimento do cabeçalho.
3. **Tipo de Serviço (TOS):** Define a prioridade do pacote.
4. **Comprimento Total:** Tamanho total do pacote (cabeçalho + dados).
5. **Identificação, Flags e Offset de Fragmento:** Utilizados para fragmentação e remontagem de pacotes.
6. **TTL (Time to Live):** Define a vida útil do pacote em saltos de roteador.
7. **Protocolo:** Define o protocolo encapsulado no payload (ex: TCP, UDP).

8. **Checksum do Cabeçalho:** Verificação de erros no cabeçalho.
9. **Endereço de Origem:** Endereço IP do remetente.
10. **Endereço de Destino:** Endereço IP do destinatário.
11. **Opções e Padding:** Campos opcionais para informações adicionais.

Limitações do IPv4

1. **Esgotamento de Endereços:** Com apenas 4,3 bilhões de endereços possíveis, o IPv4 enfrenta o problema do esgotamento de endereços IP.
2. **Segurança:** O IPv4 não foi projetado com a segurança em mente, tornando necessário o uso de soluções adicionais como IPsec.
3. **Fragmentação e Reassembly:** O tratamento de fragmentação pode causar problemas de desempenho.

IPv6

Introdução ao IPv6

IPv6 (Internet Protocol version 6) é a versão mais recente do protocolo de internet projetado para substituir o IPv4 (Internet Protocol version 4). Foi desenvolvido pela IETF (Internet Engineering Task Force) para resolver os problemas de esgotamento de endereços e para introduzir melhorias na eficiência e segurança das comunicações na internet.

Motivação para IPv6

O IPv4, com seu espaço de endereçamento de 32 bits, suporta aproximadamente 4,3 bilhões de endereços únicos. Com o crescimento exponencial da internet e o aumento de dispositivos conectados, este espaço se esgotou rapidamente. O IPv6, com um espaço de endereçamento de 128 bits, suporta um número incomparavelmente maior de endereços, aproximadamente 3.4×10^{38} 3.4×10^{38}

endereços, garantindo que nunca faltem endereços únicos para dispositivos conectados.

Estrutura de Endereço IPv6

- **Comprimento:** 128 bits.
- **Formato:** Representado por oito grupos de quatro dígitos hexadecimais, separados por dois pontos (por exemplo, 2001:0db8:85a3:0000:0000:8a2e:0370:7334).

Exemplos:

- **Endereço   Completo:** 2001:0db8:85a3:0000:0000:8a2e:0370:7334
- **Compactação:** 2001:db8:85a3::8a2e:370:7334 (os zeros consecutivos podem ser omitidos)

Tipos de Endereços IPv6

1. **Unicast:** Representa um único dispositivo na rede.
   - **Global Unicast:** Endereços únicos na internet global, equivalentes aos endereços públicos no IPv4.
   - **Link-Local:** Usados para comunicação dentro de uma rede local, não roteáveis na internet. Prefixo: fe80::/10.
   - **Unique Local:** Usados para comunicação dentro de uma organização. Prefixo: fc00::/7.
2. **Multicast:** Envia pacotes para múltiplos dispositivos simultaneamente. Prefixo: ff00::/8.
3. **Anycast:** Permite que um pacote seja roteado para o dispositivo mais próximo em um grupo de dispositivos.

Características e Benefícios do IPv6

Espaço de Endereçamento Expandido:

- o O IPv6 oferece um espaço de endereçamento massivamente maior, eliminando a necessidade de NAT (Network Address Translation) e permitindo uma conectividade global direta.

Autoconfiguração:

- o Suporte para autoconfiguração de endereços, facilitando a administração da rede. Existem dois tipos de autoconfiguração:
  - **Stateless Address Autoconfiguration (SLAAC):** Permite que um dispositivo configure seu próprio endereço automaticamente.
  - **Stateful Configuration:** Usando DHCPv6 (Dynamic Host Configuration Protocol for IPv6) para a configuração de endereços e outros parâmetros de rede.

Eliminação da Fragmentação pelo Roteador:

- o No IPv6, a fragmentação é realizada apenas pelos dispositivos de origem e destino, não pelos roteadores intermediários, melhorando a eficiência.

Cabeçalho Simplificado:

- o O cabeçalho IPv6 foi redesenhado para ser mais eficiente, com campos opcionais movidos para cabeçalhos de extensão, facilitando o processamento dos pacotes.

Segurança Integrada:

- IPv6 suporta IPsec (Internet Protocol Security) nativamente, proporcionando autenticação, integridade e confidencialidade dos dados.

Suporte Melhorado para Qualidade de Serviço (QoS):

- IPv6 inclui um campo de etiqueta de fluxo que permite o tratamento especial de pacotes para certas comunicações, melhorando o suporte a QoS.

Mobilidade:

- IPv6 suporta mobilidade nativamente, permitindo que dispositivos móveis mudem de rede sem perder a conectividade.

Desafios na Implementação do IPv6

- **Compatibilidade:** Transição de IPv4 para IPv6 requer compatibilidade com infraestruturas legadas.
- **Transição e Coexistência:** Métodos como dual-stack, tunelamento e tradução são usados para permitir a coexistência de IPv4 e IPv6 durante a transição.
- **Conhecimento e Treinamento:** Necessidade de treinamento de profissionais de TI para gerenciar redes IPv6.

Métodos de Transição

1. **Dual Stack:** Dispositivos e redes operam simultaneamente com IPv4 e IPv6.
2. **Túneis:** IPv6 é encapsulado em túneis IPv4 para transitar por redes IPv4.
3. **Tradução:** Protocolos como NAT64 e DNS64 traduzem tráfego entre redes IPv4 e IPv6.

4.2. Sub-redes e Máscaras de Rede

Sub-redes

A sub-rede é a divisão de uma rede maior em redes menores, facilitando o gerenciamento e a segurança.

- **Objetivo**: Melhor utilização dos endereços IP e segmentação de redes para melhorar a performance e a segurança.
- **CIDR (Classless Inter-Domain Routing)**: Utiliza máscaras de sub-rede para definir a quantidade de bits destinados ao endereço de rede e ao endereço de host.

Máscaras de Rede

A máscara de rede determina quais bits do endereço IP são usados para identificar a rede e quais são usados para identificar os hosts.

- **Máscara de Sub-rede**: Representada no formato decimal (por exemplo, 255.255.255.0) ou em notação CIDR (por exemplo, /24).
- **Divisão em Sub-redes**: Proporciona a criação de várias sub-redes a partir de um único bloco de endereços IP.

As classes de rede são uma categorização dos endereços IP em classes, que definem a estrutura de endereçamento e a capacidade de sub-redes. Existem cinco classes principais de endereços IP no IPv4: A, B, C, D e E. Aqui estão as características de cada classe:

Classe A

- **Intervalo de Endereços:** 0.0.0.0 a 127.255.255.255
- **Formato:** N.H.H.H (N = Network, H = Host)
- **Número de Redes:** 128 (2^7)
- **Número de Hosts por Rede:** 16.777.214 (2^{24} - 2)
- **Uso Típico:** Redes muito grandes, como as usadas por grandes organizações ou ISPs.
- **Máscara de Sub-rede Padrão:** 255.0.0.0

Classe B

- **Intervalo de Endereços:** 128.0.0.0 a 191.255.255.255
- **Formato:** N.N.H.H (N = Network, H = Host)
- **Número de Redes:** 16.384 (2^{14})
- **Número de Hosts por Rede:** 65.534 (2^{16} - 2)
- **Uso Típico:** Redes de tamanho médio, como as usadas por universidades e grandes empresas.
- **Máscara de Sub-rede Padrão:** 255.255.0.0

Classe C

- **Intervalo de Endereços:** 192.0.0.0 a 223.255.255.255
- **Formato:** N.N.N.H (N = Network, H = Host)
- **Número de Redes:** 2.097.152 (2^{21})
- **Número de Hosts por Rede:** 254 (2^8 - 2)
- **Uso Típico:** Pequenas redes, como as usadas por pequenas empresas.
- **Máscara de Sub-rede Padrão:** 255.255.255.0

Classe D

- **Intervalo de Endereços:** 224.0.0.0 a 239.255.255.255
- **Formato:** Não aplicável, pois é usado para multicast.
- **Uso Típico:** Envio de pacotes a múltiplos destinos simultaneamente (multicast).
- **Não usa máscara de sub-rede.**

Classe E

- **Intervalo de Endereços:** 240.0.0.0 a 255.255.255.255
- **Formato:** Não aplicável, pois é reservado para uso futuro ou experimental.
- **Uso Típico:** Reservado para uso experimental e futuro.
- **Não usa máscara de sub-rede.**

Resumo das Máscaras de Sub-rede Padrão:

- **Classe A:** 255.0.0.0
- **Classe B:** 255.255.0.0
- **Classe C:** 255.255.255.0

Notas Adicionais:

- **Endereços Privados:** Certos intervalos de endereços em cada classe são reservados para redes privadas, que não são roteáveis na Internet:
  - **Classe A:** 10.0.0.0 a 10.255.255.255
  - **Classe B:** 172.16.0.0 a 172.31.255.255
  - **Classe C:** 192.168.0.0 a 192.168.255.255
- **Endereços de Loopback:** O intervalo 127.0.0.0 a 127.255.255.255 é reservado para loopback e testes internos.

Exemplo de Cálculo de Sub-rede

Endereço IP Inicial: 192.168.1.0
Máscara de Sub-rede: 255.255.255.224

Passos para o Cálculo:

1. Determine o Número de Sub-redes e Hosts por Sub-rede

- **Máscara de Sub-rede (255.255.255.224):** Em notação CIDR, esta máscara é /27.
  - Isso significa que os primeiros 27 bits são para a rede, e os restantes 5 bits são para os hosts.
- **Número de Sub-redes:**
  - Fórmula: $2^{\text{número de bits de sub-rede}}$
  - Bits de sub-rede: 3 (porque 27 bits - 24 bits de rede padrão Classe C = 3 bits)
  - Número de sub-redes: $2^3=8$
- **Número de Hosts por Sub-rede:**
  - Fórmula: $2^{\text{número de bits de host}} -2$
  - Bits de host: 5 (32 bits totais - 27 bits de sub-rede)
  - Número de hosts: $2^5 -2 =30$ (subtrai-se 2 para o endereço de rede e o broadcast)

2. Identifique os Intervalos de Sub-redes

- **Incremento de Sub-rede:**
  - Incremento = 256 - 224 = 32
- **Intervalos de Sub-redes:**
  - Primeira sub-rede: 192.168.1.0 a 192.168.1.31
  - Segunda sub-rede: 192.168.1.32 a 192.168.1.63
  - Terceira sub-rede: 192.168.1.64 a 192.168.1.95
  - Quarta sub-rede: 192.168.1.96 a 192.168.1.127
  - Quinta sub-rede: 192.168.1.128 a 192.168.1.159
  - Sexta sub-rede: 192.168.1.160 a 192.168.1.191
  - Sétima sub-rede: 192.168.1.192 a 192.168.1.223
  - Oitava sub-rede: 192.168.1.224 a 192.168.1.255

3. Detalhe das Sub-redes

Para cada sub-rede, identificamos o endereço de rede, o primeiro host, o último host e o endereço de broadcast.

- **Primeira Sub-rede:**
  - **Endereço de Rede:** 192.168.1.0
  - **Primeiro Host:** 192.168.1.1
  - **Último Host:** 192.168.1.30
  - **Endereço de Broadcast:** 192.168.1.31
- **Segunda Sub-rede:**
  - **Endereço de Rede:** 192.168.1.32
  - **Primeiro Host:** 192.168.1.33
  - **Último Host:** 192.168.1.62
  - **Endereço de Broadcast:** 192.168.1.63
- **Terceira Sub-rede:**
  - **Endereço de Rede:** 192.168.1.64
  - **Primeiro Host:** 192.168.1.65
  - **Último Host:** 192.168.1.94
  - **Endereço de Broadcast:** 192.168.1.95
- **Quarta Sub-rede:**
  - **Endereço de Rede:** 192.168.1.96
  - **Primeiro Host:** 192.168.1.97
  - **Último Host:** 192.168.1.126
  - **Endereço de Broadcast:** 192.168.1.127
- **Quinta Sub-rede:**
  - **Endereço de Rede:** 192.168.1.128
  - **Primeiro Host:** 192.168.1.129
  - **Último Host:** 192.168.1.158
  - **Endereço de Broadcast:** 192.168.1.159
- **Sexta Sub-rede:**
  - **Endereço de Rede:** 192.168.1.160
  - **Primeiro Host:** 192.168.1.161
  - **Último Host:** 192.168.1.190
  - **Endereço de Broadcast:** 192.168.1.191
- **Sétima Sub-rede:**
  - **Endereço de Rede:** 192.168.1.192
  - **Primeiro Host:** 192.168.1.193

- ○ **Último Host:** 192.168.1.222
- ○ **Endereço de Broadcast:** 192.168.1.223
- **Oitava Sub-rede:**
  - ○ **Endereço de Rede:** 192.168.1.224
  - ○ **Primeiro Host:** 192.168.1.225
  - ○ **Último Host:** 192.168.1.254
  - ○ **Endereço de Broadcast:** 192.168.1.255

4.3. Roteamento e Protocolos de Roteamento (RIP, OSPF, BGP)

Roteamento é o processo de encaminhar pacotes de dados através de uma rede de computadores, de sua origem até o destino final, passando por uma série de dispositivos intermediários chamados roteadores. O roteamento é fundamental para a operação da internet e de outras redes de dados, garantindo que a informação trafegue de maneira eficiente e correta, independentemente da sua localização física.

Componentes do Roteamento

Roteadores:

- ○ Dispositivos de rede responsáveis por determinar o melhor caminho para encaminhar pacotes de dados para seu destino.
- ○ Mantêm tabelas de roteamento que armazenam informações sobre as rotas disponíveis.

Tabelas de Roteamento:

- ○ Estruturas de dados mantidas pelos roteadores, contendo informações sobre as rotas para diferentes destinos.
- ○ Atualizadas dinamicamente para refletir mudanças na topologia da rede.

Algoritmos de Roteamento:

- Conjuntos de regras que determinam o caminho mais eficiente para encaminhar pacotes de dados.
- Podem ser baseados em diferentes métricas, como distância, custo, largura de banda ou tempo de resposta.

Tipos de Roteamento

1. **Roteamento Estático:**
   - Administradores de rede configuram manualmente as rotas nas tabelas de roteamento dos roteadores.
   - Simples e previsível, mas não se adapta automaticamente a mudanças na rede.
   - **Exemplo:** Pequenas redes empresariais ou locais onde a topologia não muda frequentemente.
2. **Roteamento Dinâmico:**
   - Roteadores utilizam protocolos de roteamento para trocar informações e atualizar automaticamente suas tabelas de roteamento.
   - Mais adaptável e eficiente em redes complexas e em constante mudança.
   - **Exemplo:** Redes corporativas grandes, provedores de serviços de internet.

Protocolos de Roteamento

- **RIP (Routing Information Protocol)**
  - **Tipo**: Protocolo de roteamento por vetor de distância.
  - **Funcionamento**: Utiliza a contagem de saltos como métrica, atualiza tabelas de roteamento periodicamente.

- **Limitações**: Convergência lenta, limitado a 15 saltos, não escalável para redes maiores.
- **OSPF (Open Shortest Path First)**
  - **Tipo**: Protocolo de roteamento por estado de enlace.
  - **Funcionamento**: Calcula o caminho mais curto usando o algoritmo de Dijkstra, atualiza tabelas de roteamento quando ocorrem mudanças.
  - **Vantagens**: Convergência rápida, escalável, suporta VLSM (Variable Length Subnet Mask).
- **BGP (Border Gateway Protocol)**
  - **Tipo**: Protocolo de roteamento de vetor de caminho.
  - **Funcionamento**: Utilizado principalmente para roteamento entre sistemas autônomos na Internet, baseia-se em atributos de caminho.
  - **Vantagens**: Escalável, suporta políticas de roteamento complexas, essencial para a operação da Internet.

Métricas de Roteamento

- **Distância (Hops):** O número de saltos (roteadores) que um pacote atravessa até chegar ao destino.
- **Custo:** Pode incluir fatores como largura de banda, atraso, confiabilidade e carga.
- **Largura de Banda:** A capacidade da rota para transmitir dados.
- **Tempo de Resposta (Delay):** O tempo necessário para que um pacote percorra uma rota.

Importância do Roteamento

1. **Eficiência:** Garante que os dados sejam encaminhados pelo caminho mais eficiente, reduzindo o tempo de transmissão e a latência.
2. **Escalabilidade:** Permite que redes grandes e complexas operem de maneira organizada e eficiente.

3. **Resiliência:** Adapta-se a falhas na rede, redirecionando automaticamente o tráfego por rotas alternativas.
4. **Flexibilidade:** Suporta mudanças na topologia da rede sem a necessidade de intervenção manual constante.

4.4. NAT (Network Address Translation) e PAT (Port Address Translation)

NAT (Network Address Translation)

Network Address Translation (NAT) é uma técnica usada em redes de computadores para modificar os endereços IP nos pacotes de dados enquanto eles estão sendo roteados de uma rede para outra. A principal função do NAT é permitir que múltiplos dispositivos em uma rede privada compartilhem um único endereço IP público para acessar a internet.

Como Funciona:

- Quando um dispositivo na rede privada envia um pacote para a internet, o roteador NAT substitui o endereço IP privado do dispositivo pelo endereço IP público do roteador.
- Quando a resposta chega da internet, o roteador NAT converte o endereço IP público de volta para o endereço IP privado original do dispositivo.

Vantagens do NAT:

- **Conservação de Endereços IP Públicos:** Permite que múltiplos dispositivos compartilhem um único endereço IP público, economizando endereços IP.
- **Segurança:** Esconde a topologia interna da rede, dificultando o ataque direto aos dispositivos internos.

Tipos de NAT:

1. **Static NAT:** Mapeia um único endereço IP privado para um único endereço IP público.
2. **Dynamic NAT:** Mapeia um grupo de endereços IP privados para um grupo de endereços IP públicos, usando uma pool de endereços.
3. **PAT (Port Address Translation):** Uma forma de NAT dinâmica que usa números de porta para mapear múltiplos endereços IP privados para um único endereço IP público.

PAT (Port Address Translation)

Port Address Translation (PAT), também conhecido como **NAT Overload**, é uma extensão do NAT que permite que múltiplos dispositivos na rede privada sejam mapeados para um único endereço IP público, utilizando diferentes números de porta para distinguir as conexões.

Como Funciona:

- Cada dispositivo na rede privada é mapeado para o mesmo endereço IP público, mas com um número de porta exclusivo.
- Quando um pacote de dados sai da rede privada, o roteador PAT altera o endereço IP privado e o número de porta de origem para o endereço IP público e um número de porta exclusivo.
- Quando a resposta chega, o roteador PAT usa o número de porta para determinar qual dispositivo interno deve receber o pacote.

Exemplo:

- Dispositivo A (IP privado 192.168.1.2) faz uma solicitação na porta 12345.
- Dispositivo B (IP privado 192.168.1.3) faz uma solicitação na porta 12346.
- Ambos são mapeados para o mesmo IP público (por exemplo, 203.0.113.5) com portas distintas.
- Respostas recebidas no IP público 203.0.113.5 nas portas 12345 e 12346 são redirecionadas de volta para os dispositivos A e B, respectivamente.

Vantagens do PAT:

- **Eficiência:** Permite que centenas ou até milhares de dispositivos compartilhem um único endereço IP público.
- **Escalabilidade:** Reduz a necessidade de endereços IP públicos adicionais, permitindo o crescimento da rede sem complicações.
- **Segurança:** Como no NAT, PAT oculta os endereços IP internos da rede, oferecendo uma camada adicional de segurança.

Diferenças entre NAT e PAT:

- **NAT Estático/Dinâmico:** Cada dispositivo ou grupo de dispositivos tem um mapeamento direto para um endereço IP público.
- **PAT:** Todos os dispositivos compartilham um único endereço IP público, diferenciando-se pelos números de porta.

Capítulo 5: Camada de Transporte

5.1. Protocolos de Transporte (TCP, UDP)

Transmission Control Protocol (TCP) é um dos principais protocolos da suite de protocolos da Internet (IP). É um protocolo de comunicação orientado à conexão, que garante a entrega confiável, ordenada e sem duplicação de pacotes de dados entre aplicativos que se comunicam através de uma rede. TCP é amplamente utilizado para a transmissão de dados na internet, incluindo a navegação web, e-mails, transferência de arquivos e outras aplicações onde a precisão e a confiabilidade dos dados são essenciais.

Características Principais do TCP

1. **Orientado à Conexão:**
   o TCP estabelece uma conexão de comunicação entre dois dispositivos antes de começar a transmissão de dados. Este processo é conhecido como "handshake" de três vias.
   o O handshake de três vias envolve:
      1. **SYN (Synchronize):** O cliente envia um segmento SYN para o servidor.
      2. **SYN-ACK (Synchronize-Acknowledge):** O servidor responde com um segmento SYN-ACK.
      3. **ACK (Acknowledge):** O cliente envia um segmento ACK de volta ao servidor, estabelecendo a conexão.
2. **Transmissão Confiável:**
   o TCP garante que os pacotes de dados sejam entregues corretamente ao destino. Se um pacote for perdido ou corrompido durante a transmissão, ele será retransmitido.
   o Utiliza números de sequência e acknowledgments para rastrear quais pacotes

foram recebidos e quais precisam ser retransmitidos.

3. **Controle de Fluxo:**
   - TCP usa o controle de fluxo para evitar que um transmissor sobrecarregue o receptor com muitos pacotes de dados de uma vez.
   - A janela deslizante (sliding window) é utilizada para ajustar a quantidade de dados que podem ser enviados antes de receber um acknowledgment do receptor.

4. **Controle de Congestionamento:**
   - TCP implementa algoritmos de controle de congestionamento para evitar a saturação da rede e garantir uma transmissão de dados eficiente.
   - Algoritmos como o Slow Start, Congestion Avoidance, Fast Retransmit e Fast Recovery são utilizados para ajustar a taxa de transmissão de acordo com as condições da rede.

5. **Entrega Ordenada:**
   - TCP garante que os pacotes de dados sejam entregues na ordem correta. Mesmo que os pacotes cheguem fora de ordem, TCP reordena-os antes de entregá-los ao aplicativo.

6. **Integridade dos Dados:**
   - TCP inclui uma verificação de integridade (checksum) para cada segmento de dados transmitido. Se os dados forem corrompidos durante a transmissão, o segmento é descartado e retransmitido.

Estrutura do Segmento TCP

Um segmento TCP consiste em um cabeçalho e uma área de dados (payload). O cabeçalho TCP contém vários campos importantes:

1. **Porta de Origem e Porta de Destino:** Identificam os pontos de extremidade da comunicação.
2. **Número de Sequência:** Utilizado para ordenar os pacotes de dados.
3. **Número de Acknowledgment:** Indica o próximo número de sequência que o transmissor espera receber.
4. **Offset de Dados:** Indica o início da área de dados do segmento.
5. **Flags:** Controlam diferentes aspectos da conexão (SYN, ACK, FIN, RST, URG, PSH).
6. **Janela:** Utilizada para controle de fluxo, indicando o tamanho da janela do receptor.
7. **Checksum:** Verificação de integridade dos dados.
8. **Ponteiro Urgente:** Utilizado para dados urgentes.
9. **Opções:** Campo opcional para parâmetros adicionais.

Uso do TCP em Aplicações

TCP é amplamente utilizado em muitas aplicações críticas onde a precisão e a confiabilidade são fundamentais:

- **Navegação na Web (HTTP/HTTPS):** TCP é a base para o protocolo HTTP, utilizado em navegadores web.
- **Email (SMTP, POP3, IMAP):** Protocolos de email utilizam TCP para garantir a entrega correta das mensagens.
- **Transferência de Arquivos (FTP):** FTP usa TCP para garantir a transferência confiável de arquivos entre dispositivos.
- **Serviços de Rede (SSH, Telnet):** Proporcionam sessões de terminal remoto seguras e confiáveis.

UDP (User Datagram Protocol)

User Datagram Protocol (UDP) é um protocolo de comunicação da camada de transporte da suite de protocolos da Internet (IP). É um protocolo não orientado à conexão, que permite a transmissão de pacotes de dados (datagramas) sem a necessidade de estabelecer uma conexão prévia entre os dispositivos de comunicação. UDP é utilizado em aplicações onde a velocidade de transmissão é mais importante do que a confiabilidade e a integridade dos dados.

Características Principais do UDP

1. **Não Orientado à Conexão:**
   - Diferente do TCP, o UDP não estabelece uma conexão antes de enviar dados. Não há handshake de três vias.
   - Os datagramas são enviados diretamente para o destinatário sem garantir que ele esteja pronto para recebê-los.
2. **Transmissão Sem Garantia:**
   - UDP não garante a entrega dos pacotes, a ordem de entrega, ou a integridade dos dados. Pacotes podem ser perdidos, duplicados ou chegar fora de ordem.
   - Não há mecanismo de retransmissão de pacotes perdidos ou corrompidos.
3. **Baixa Latência:**
   - Devido à ausência de mecanismos de controle de fluxo e congestionamento, a transmissão de dados via UDP tem menor latência em comparação com TCP.
   - Ideal para aplicações que requerem transmissões rápidas e em tempo real.
4. **Simplicidade:**
   - O cabeçalho UDP é mais simples e menor do que o cabeçalho TCP, consistindo de apenas 8 bytes.

- Menor overhead em comparação com TCP, permitindo uma transmissão de dados mais rápida e eficiente.

Estrutura do Datagram UDP

Um datagrama UDP consiste em um cabeçalho e uma área de dados (payload). O cabeçalho UDP contém apenas quatro campos:

1. **Porta de Origem:** (16 bits) Identifica o ponto de extremidade de envio.
2. **Porta de Destino:** (16 bits) Identifica o ponto de extremidade de recepção.
3. **Comprimento:** (16 bits) Indica o comprimento total do datagrama UDP, incluindo o cabeçalho e os dados.
4. **Checksum:** (16 bits) Utilizado para verificar a integridade dos dados. Opcional em IPv4, mas obrigatório em IPv6.

Uso do UDP em Aplicações

UDP é utilizado em muitas aplicações onde a velocidade e a eficiência são mais importantes do que a confiabilidade da transmissão:

1. **Streaming de Áudio e Vídeo:**
   - Aplicações de streaming, como YouTube, Netflix, e chamadas de vídeo ao vivo, utilizam UDP para transmitir dados rapidamente. A perda ocasional de pacotes pode ser tolerada sem afetar significativamente a qualidade geral.
2. **Jogos Online:**
   - Jogos online em tempo real utilizam UDP para comunicação rápida entre os servidores de jogos e os jogadores. A baixa latência é crucial para a experiência do jogador.
3. **DNS (Domain Name System):**

- O DNS usa UDP para consultas rápidas de resolução de nomes de domínio. A maioria das consultas DNS é pequena e simples, tornando o UDP uma escolha eficiente.

4. **VoIP (Voice over IP):**
   - Aplicações de VoIP, como Skype e outras plataformas de chamadas de voz, usam UDP para transmissão de voz em tempo real, onde a latência baixa é essencial para a qualidade da chamada.

5. **TFTP (Trivial File Transfer Protocol):**
   - TFTP utiliza UDP para transferências simples de arquivos, sendo eficiente para transferências rápidas em redes confiáveis.

Vantagens e Desvantagens do UDP

Vantagens:

- **Baixa Latência:** Menos overhead e sem necessidade de estabelecer conexões, resultando em transmissões rápidas.
- **Simplicidade:** Estrutura de cabeçalho simples, fácil de implementar.
- **Eficiência:** Ideal para aplicações que podem tolerar alguma perda de dados e priorizam a velocidade.

Desvantagens:

- **Não Confiável:** Sem garantias de entrega, ordem de entrega ou integridade dos dados.
- **Sem Controle de Fluxo ou Congestionamento:** Pode levar à sobrecarga da rede se não gerenciado corretamente.
- **Perda de Pacotes:** A perda de pacotes não é tratada, o que pode ser problemático para algumas aplicações.

5.2. Controle de Fluxo e Controle de Congestionamento

Controle de Fluxo

O controle de fluxo é o processo de gerenciar a taxa de envio de dados entre um remetente e um receptor para garantir que o receptor não fique sobrecarregado.

- **Janela Deslizante (Sliding Window):** Um mecanismo que permite o envio de múltiplos segmentos de dados antes de precisar de uma confirmação, ajustando dinamicamente o tamanho da janela de acordo com a capacidade do receptor.
- **ACKs (Acknowledgements):** O receptor envia confirmações para o remetente após receber segmentos de dados, ajudando a regular a quantidade de dados em trânsito.

Controle de Congestionamento

O controle de congestionamento é o processo de gerenciar a taxa de envio de dados para evitar sobrecarga da rede.

- **Algoritmo de Congestionamento de TCP:** Inclui fases como Slow Start, Congestion Avoidance, Fast Retransmit e Fast Recovery para ajustar a taxa de envio de dados conforme as condições da rede.
- **Detecção de Congestionamento:** O TCP usa a perda de segmentos ou atrasos na recepção de ACKs como sinais de congestionamento na rede, ajustando a janela de congestionamento conforme necessário.

5.3. Estabelecimento de Conexão (Three-Way Handshake)

Three-Way Handshake é o processo utilizado pelo protocolo TCP (Transmission Control Protocol) para estabelecer uma conexão confiável entre um cliente e um servidor antes de iniciar a transmissão de dados. Esse procedimento garante que ambos os lados estejam prontos para a comunicação e sincroniza os números de sequência, essenciais para a correta ordenação dos pacotes.

Passos do Three-Way Handshake

1. **SYN (Synchronize):**
   - O cliente que deseja estabelecer uma conexão envia um segmento TCP com a flag SYN (synchronize) definida. Este segmento inclui um número de sequência inicial (ISN) escolhido aleatoriamente.
   - **Segmento:** [SYN, Seq = x]
2. **SYN-ACK (Synchronize-Acknowledge):**
   - O servidor, ao receber o segmento SYN do cliente, responde com um segmento que tem as flags SYN e ACK (acknowledge) definidas. O segmento inclui o número de sequência inicial do servidor e um acknowledgment do número de sequência do cliente (incrementado em 1).
   - **Segmento:** [SYN, ACK, Seq = y, Ack = x + 1]
3. **ACK (Acknowledge):**
   - O cliente, ao receber o segmento SYN-ACK do servidor, responde com um segmento ACK que confirma o recebimento do número de sequência do servidor (incrementado em 1).
   - **Segmento:** [ACK, Seq = x + 1, Ack = y + 1]

Após esses três passos, a conexão está estabelecida, e os dados podem ser transmitidos de maneira confiável entre o cliente e o servidor.

Exemplificação do Processo

1. **Cliente -> Servidor:**
   - O cliente envia um segmento TCP com a flag SYN definida e um número de sequência inicial (por exemplo, ISN = 1000).
   - **Segmento:** [SYN, Seq = 1000]

2. **Servidor -> Cliente:**
   - O servidor responde com um segmento que tem as flags SYN e ACK definidas, usando seu próprio número de sequência inicial (por exemplo, ISN = 2000) e confirmando o número de sequência do cliente (Seq = 1000 + 1 = 1001).
   - **Segmento:** [SYN, ACK, Seq = 2000, Ack = 1001]
3. **Cliente -> Servidor:**
   - O cliente envia um segmento ACK de volta ao servidor, confirmando o número de sequência do servidor (Seq = 2000 + 1 = 2001).
   - **Segmento:** [ACK, Seq = 1001, Ack = 2001]

Importância do Three-Way Handshake

1. **Estabelecimento de Conexão:**
   - Garante que ambos os lados da conexão estão prontos para se comunicar, sincronizando os números de sequência para a transmissão de dados.
2. **Sincronização de Números de Sequência:**
   - Os números de sequência são usados para rastrear os pacotes de dados e garantir que eles sejam recebidos e montados na ordem correta.
3. **Confiabilidade:**
   - A comunicação orientada à conexão do TCP garante que os dados sejam entregues de maneira confiável, sem perdas, duplicações ou erros.
4. **Prevenção de Conexões Falsas:**
   - O processo de handshake ajuda a evitar a criação de conexões falsas ou não desejadas, assegurando que tanto o cliente quanto o servidor concordem em estabelecer a conexão.

5.4. Gerenciamento de Sessões

A **Camada de Sessão** é a quinta camada do Modelo OSI (Open Systems Interconnection). Sua principal função é estabelecer, gerenciar e encerrar sessões de comunicação entre aplicações em dispositivos diferentes. Esta camada controla o diálogo entre as duas partes comunicantes, garantindo que a comunicação seja organizada e sincronizada.

Funções Principais da Camada de Sessão

1. **Estabelecimento de Sessão:**
   - A camada de sessão inicia e estabelece uma conexão entre dois dispositivos. Isso inclui a negociação de parâmetros como tempo de sessão e número de sessões simultâneas permitidas.
2. **Gerenciamento de Sessão:**
   - Durante a comunicação, a camada de sessão gerencia a troca de dados, controlando o fluxo e a sincronização das mensagens. Isso assegura que os dados sejam transmitidos de maneira ordenada e sem conflitos.
3. **Sincronização:**
   - Implementa pontos de verificação (checkpoints) e controles de recuperação para assegurar que grandes transferências de dados possam ser retomadas do ponto de interrupção em caso de falha de comunicação.
4. **Controle de Diálogo:**
   - Coordena e gerencia o diálogo entre duas aplicações, definindo se a comunicação será half-duplex (um sentido de cada vez) ou full-duplex (ambos os sentidos simultaneamente).
5. **Encerramento de Sessão:**
   - Finaliza a sessão de comunicação de maneira ordenada, garantindo que todos os dados

pendentes sejam transmitidos antes de encerrar a conexão.

Exemplos de Protocolos da Camada de Sessão

1. **RPC (Remote Procedure Call):**
   o Permite que um programa solicite um serviço de um programa localizado em outro computador na rede, facilitando a comunicação entre diferentes sistemas.
2. **NetBIOS (Network Basic Input/Output System):**
   o Protocolo que permite que aplicativos em diferentes computadores comuniquem-se dentro de uma rede local (LAN).
3. **PPTP (Point-to-Point Tunneling Protocol):**
   o Utilizado para implementar redes privadas virtuais (VPNs), permitindo a criação de túneis seguros através da internet.

Importância da Camada de Sessão

1. **Organização da Comunicação:**
   o A camada de sessão organiza e estrutura a comunicação entre dispositivos, facilitando a gestão de longas interações e transferências de dados.
2. **Recuperação de Erros:**
   o Com os pontos de verificação e controles de recuperação, a camada de sessão permite retomar transferências de dados interrompidas sem precisar reiniciar todo o processo.
3. **Gerenciamento de Diálogo:**
   o Controla a troca de informações entre duas partes, garantindo que o diálogo seja eficiente e livre de colisões.
4. **Segurança:**
   o Pode implementar medidas de autenticação e autorização para assegurar que apenas usuários

ou dispositivos autorizados possam estabelecer sessões de comunicação.

A **Camada de Apresentação** é a sexta camada do Modelo OSI (Open Systems Interconnection). Sua principal função é traduzir, formatar e preparar os dados para a camada de aplicação ou da camada de sessão, dependendo da direção do tráfego de dados. Essa camada garante que os dados enviados de um sistema possam ser compreendidos por outro sistema, mesmo que ambos usem diferentes formatos de dados.

Funções Principais da Camada de Apresentação

1. **Tradução de Dados:**
   - Converte os dados de um formato utilizado pela aplicação para um formato comum que possa ser transmitido pela rede e vice-versa. Por exemplo, converte formatos de dados específicos de um sistema operacional ou aplicação para um formato padronizado.
2. **Criptografia e Decriptação:**
   - Proporciona segurança ao criptografar os dados antes de serem transmitidos e ao decriptá-los quando recebidos, garantindo que a informação permaneça confidencial e segura durante a transmissão.
3. **Compressão de Dados:**
   - Reduz o tamanho dos dados para otimizar a transmissão através da rede. A compressão diminui a quantidade de dados que precisa ser transmitida, aumentando a eficiência da rede e a velocidade de transferência.
4. **Formatação de Dados:**
   - Garante que os dados estejam no formato correto para serem compreendidos pela camada de aplicação. Isso pode incluir a conversão de dados gráficos, como imagens e vídeos, para

formatos que possam ser exibidos corretamente em diferentes sistemas.

Exemplos de Protocolos e Serviços da Camada de Apresentação

1. **SSL/TLS (Secure Sockets Layer/Transport Layer Security):**
   - Protocolos utilizados para criptografar a comunicação através da internet, garantindo a segurança dos dados transmitidos.
2. **JPEG, GIF, PNG:**
   - Formatos de compressão e representação de imagens que são convertidos pela camada de apresentação para serem exibidos corretamente em navegadores e outros aplicativos.
3. **MPEG, MP3:**
   - Formatos de compressão de áudio e vídeo que a camada de apresentação processa para garantir que sejam reproduzidos corretamente.
4. **ASCII, EBCDIC, Unicode:**
   - Padrões de codificação de caracteres que são traduzidos pela camada de apresentação para garantir a interoperabilidade entre diferentes sistemas.

Importância da Camada de Apresentação

1. **Interoperabilidade:**
   - Facilita a comunicação entre diferentes sistemas e plataformas, garantindo que os dados sejam compreensíveis e utilizáveis independentemente dos formatos utilizados originalmente.
2. **Segurança:**

- Proporciona uma camada de segurança ao criptografar os dados, protegendo informações sensíveis durante a transmissão.

3. **Eficiência:**
   - A compressão de dados reduz a quantidade de informação que precisa ser transmitida, otimizando o uso da largura de banda e acelerando as transferências.

4. **Consistência de Dados:**
   - Garante que os dados sejam apresentados de maneira consistente e correta para os aplicativos de usuário final, independentemente das diferenças nos formatos de dados.

Capítulo 6: Camada de Aplicação

6.1. Serviços e Protocolos de Aplicação

A **Camada de Aplicação** é a sétima e última camada do Modelo OSI (Open Systems Interconnection). Sua principal função é fornecer interfaces e serviços diretamente para as aplicações de software, facilitando a comunicação e a troca de dados entre aplicativos e a rede subjacente. Esta camada é a mais próxima do usuário final e lida com a interação com os programas que os usuários utilizam.

Funções Principais da Camada de Aplicação

1. **Serviços de Rede para Aplicações:**
   - Fornece serviços de rede para aplicações de software que facilitam a comunicação entre diferentes dispositivos na rede.
   - Exemplos incluem acesso a arquivos, e-mails, transferência de arquivos, navegação na web e gerenciamento de banco de dados.
2. **Identificação e Autenticação de Usuários:**
   - Gerencia a identificação e autenticação de usuários para garantir que apenas usuários autorizados possam acessar os serviços de rede.
   - Exemplos incluem login em servidores de e-mail ou sistemas de gerenciamento de rede.
3. **Suporte a Aplicações Distribuídas:**
   - Oferece suporte para aplicações que são distribuídas em várias máquinas, permitindo que elas funcionem de maneira integrada e coordenada.
   - Exemplos incluem sistemas de bancos de dados distribuídos e aplicativos de computação em nuvem.
4. **Geração e Interpretação de Mensagens:**
   - Converte mensagens de dados em um formato que pode ser transmitido através da rede e, em

seguida, interpreta essas mensagens quando recebidas.

○ Exemplos incluem a formatação de e-mails e a interpretação de comandos enviados para servidores.

HTTP (Hypertext Transfer Protocol)

- **Função**: Protocolo base para a transferência de documentos hipermídia (como páginas da web) na internet.
- **Características**: Funciona sobre o TCP, utiliza o modelo cliente-servidor, e opera através de comandos simples como GET e POST.

HTTPS (HTTP Secure)

- **Função**: Versão segura do HTTP, que utiliza SSL/TLS para criptografar a comunicação entre cliente e servidor.
- **Características**: Oferece confidencialidade, integridade dos dados e autenticação do servidor.

FTP (File Transfer Protocol)

- **Função**: Protocolo utilizado para transferir arquivos entre um cliente e um servidor.
- **Características**: Suporta operações de upload e download, autenticação de usuários, e pode operar em modo ativo ou passivo.

SMTP (Simple Mail Transfer Protocol)

- **Função**: Protocolo padrão para envio de e-mails na internet.
- **Características**: Utiliza o modelo cliente-servidor, funciona sobre o TCP, e é responsável pelo encaminhamento e entrega de mensagens de e-mail.

DNS (Domain Name System)

- **Função**: Sistema que traduz nomes de domínio legíveis por humanos (como www.example.com) em endereços IP legíveis por máquinas.
- **Características**: Utiliza uma estrutura hierárquica e distribuída de servidores DNS, opera principalmente sobre o UDP, e é essencial para o funcionamento da internet.

6.2. Arquitetura Cliente-Servidor e Peer-to-Peer

Arquitetura Cliente-Servidor é um modelo de design de rede que divide as tarefas e cargas de trabalho entre os provedores de recursos ou serviços, chamados **servidores**, e os solicitantes de serviços, chamados **clientes**. Essa arquitetura é amplamente utilizada em sistemas de computação distribuída, onde o processamento de dados e a responsabilidade pela gestão de recursos são centralizados em um ou mais servidores, enquanto os clientes acessam e utilizam esses recursos através da rede.

Componentes Principais da Arquitetura Cliente-Servidor

1. **Cliente:**
   - Dispositivo ou programa que solicita serviços ou recursos de um servidor.
   - Exemplos incluem navegadores web, clientes de e-mail, aplicativos de banco de dados e dispositivos móveis.
   - Responsável por iniciar a comunicação e enviar solicitações de serviços ao servidor.
2. **Servidor:**
   - Dispositivo ou programa que fornece serviços ou recursos solicitados pelos clientes.
   - Exemplos incluem servidores web, servidores de e-mail, servidores de arquivos, servidores de banco de dados e servidores de aplicação.

- Responsável por responder às solicitações dos clientes e fornecer os recursos ou serviços necessários.

Características da Arquitetura Cliente-Servidor

1. **Centralização de Recursos:**
   - Os servidores centralizam recursos e serviços, tornando a gestão e a manutenção mais fáceis e eficientes.
   - Exemplo: Um servidor de banco de dados centraliza todos os dados, permitindo consultas e atualizações consistentes e controladas.
2. **Divisão de Tarefas:**
   - A arquitetura distribui a carga de trabalho entre clientes e servidores, onde os clientes tratam da interface do usuário e os servidores gerenciam o processamento de dados.
   - Exemplo: Um navegador web (cliente) solicita páginas HTML de um servidor web, que processa a solicitação e envia a página de volta ao navegador.
3. **Escalabilidade:**
   - A capacidade de adicionar mais clientes ou servidores para melhorar o desempenho e a disponibilidade.
   - Exemplo: Adicionar mais servidores web para suportar um grande número de acessos simultâneos a um site popular.
4. **Segurança:**
   - Facilita a implementação de medidas de segurança, como autenticação, autorização e criptografia, centralizando o controle no servidor.
   - Exemplo: Um servidor de autenticação verifica a identidade dos usuários antes de conceder acesso a recursos.

5. **Manutenção e Atualização:**
   - A centralização dos recursos facilita a manutenção e a atualização dos sistemas, pois as mudanças podem ser feitas nos servidores sem afetar diretamente os clientes.
   - Exemplo: Atualizar um servidor de software para uma nova versão sem a necessidade de atualizar todos os clientes individuais.

Exemplos de Aplicações Cliente-Servidor

1. **Web Browsing:**
   - O navegador (cliente) solicita páginas web do servidor web, que processa a solicitação e envia a página de volta ao navegador para exibição.
2. **E-mail:**
   - O cliente de e-mail solicita o envio e recebimento de mensagens do servidor de e-mail, que gerencia as caixas de correio e entrega das mensagens.
3. **Banco de Dados:**
   - Um aplicativo de banco de dados (cliente) envia consultas SQL ao servidor de banco de dados, que processa as consultas e retorna os resultados.
4. **Aplicações de Negócios:**
   - Aplicações de ERP (Enterprise Resource Planning) ou CRM (Customer Relationship Management) utilizam a arquitetura cliente-servidor para acessar dados e funcionalidades centralizadas em servidores de aplicação.

Vantagens da Arquitetura Cliente-Servidor

1. **Eficiência:**
   - Centraliza a gestão de recursos e serviços, permitindo uma administração mais eficiente e simplificada.
2. **Flexibilidade:**
   - Permite que os clientes utilizem uma ampla variedade de dispositivos e plataformas para acessar os recursos do servidor.
3. **Segurança:**
   - Facilita a implementação de políticas de segurança centralizadas e consistentes.
4. **Manutenção Simplificada:**
   - A centralização dos recursos no servidor torna a manutenção e as atualizações mais fáceis de implementar.

Desvantagens da Arquitetura Cliente-Servidor

1. **Dependência do Servidor:**
   - A falha do servidor pode afetar todos os clientes que dependem dele para serviços e recursos.
2. **Custo:**
   - A implementação e manutenção de servidores poderosos e confiáveis podem ser dispendiosas.
3. **Escalabilidade:**
   - Embora escalável, o aumento do número de clientes pode exigir a adição de mais servidores, o que pode ser complexo e caro.

A **Arquitetura Peer-to-Peer (P2P)** é um modelo de rede distribuída onde todos os computadores ou dispositivos (chamados de peers) têm capacidades e responsabilidades equivalentes. Ao contrário da arquitetura cliente-servidor, onde há uma distinção clara entre clientes (que solicitam serviços) e servidores (que fornecem serviços), na arquitetura P2P, cada peer pode funcionar tanto como cliente quanto como servidor.

Esta arquitetura é usada para compartilhar recursos e informações diretamente entre os dispositivos, sem a necessidade de um servidor central.

Características Principais da Arquitetura P2P

1. **Descentralização:**
   - Não há um servidor central. Todos os peers na rede têm igual status e responsabilidade, e podem atuar como fornecedores e consumidores de recursos.
   - Exemplo: Em uma rede de compartilhamento de arquivos P2P, todos os dispositivos podem baixar e fazer upload de arquivos.
2. **Escalabilidade:**
   - A arquitetura P2P pode se expandir facilmente, pois cada novo peer adiciona recursos adicionais à rede.
   - Exemplo: Adicionar mais dispositivos a uma rede P2P aumenta a capacidade de compartilhamento e a disponibilidade de recursos.
3. **Resiliência e Robustez:**
   - A ausência de um ponto central de falha torna a rede P2P mais resistente a falhas. Se um peer falhar, os outros continuam a funcionar.
   - Exemplo: Em uma rede de compartilhamento de arquivos, se um dispositivo sair do ar, os arquivos ainda podem ser acessados de outros dispositivos na rede.
4. **Distribuição de Carga:**
   - A carga de trabalho é distribuída entre todos os peers, o que pode melhorar o desempenho geral e a eficiência da rede.
   - Exemplo: Durante o download de um arquivo grande, partes diferentes do arquivo podem ser baixadas de múltiplos peers simultaneamente.

5. **Autonomia e Anonimato:**
   o Os peers podem operar de maneira autônoma e, em muitas implementações, podem permanecer anônimos.
   o Exemplo: Redes de compartilhamento de arquivos P2P podem permitir que os usuários compartilhem e baixem arquivos sem revelar suas identidades.

Exemplos de Aplicações P2P

1. **Compartilhamento de Arquivos:**
   o **BitTorrent:** Um protocolo P2P popular usado para distribuição de arquivos grandes. Cada usuário pode baixar partes de um arquivo de vários outros usuários simultaneamente.
   o **eMule:** Outro aplicativo de compartilhamento de arquivos que utiliza a arquitetura P2P para distribuir dados.
2. **Comunicação e Mensagens:**
   o **Skype (originalmente):** Utilizava uma arquitetura P2P para facilitar chamadas de voz e vídeo.
   o **WhatsApp:** Utiliza uma arquitetura P2P para enviar mensagens entre usuários.
3. **Redes de Criptomoedas:**
   o **Bitcoin:** Usa uma rede P2P para validar e registrar transações em um livro-razão descentralizado (blockchain).
4. **Redes de Computação Distribuída:**
   o **SETI@home:** Projeto de computação distribuída onde voluntários doam tempo de processamento de seus computadores para analisar dados astronômicos.
   o **Folding@home:** Utiliza o poder de computação distribuído para simular o dobramento de proteínas e estudar doenças.

Vantagens da Arquitetura P2P

1. **Escalabilidade:**
   o A rede pode crescer indefinidamente com a adição de novos peers, aumentando a capacidade e os recursos.
2. **Resiliência:**
   o A ausência de um ponto único de falha aumenta a robustez da rede. Se um peer falhar, outros podem continuar a funcionar normalmente.
3. **Distribuição de Carga:**
   o A carga de trabalho é distribuída entre todos os peers, melhorando o desempenho e evitando gargalos.
4. **Custo-Efetividade:**
   o Não há necessidade de investir em servidores centralizados caros, pois cada peer contribui com recursos.

Desvantagens da Arquitetura P2P

1. **Segurança:**
   o A descentralização pode dificultar a implementação de políticas de segurança e controle de acesso.
2. **Gestão:**
   o A ausência de um ponto central de controle pode tornar a gestão e a coordenação da rede mais complexas.
3. **Qualidade de Serviço:**
   o O desempenho da rede pode ser inconsistente, dependendo da disponibilidade e capacidade dos peers individuais.

6.3. Protocolos de Transferência de Arquivos e E-mails

Protocolos de Transferência de Arquivos

- **FTP (File Transfer Protocol)**: Permite a transferência de arquivos entre sistemas com funcionalidades de autenticação e operações de arquivo.
- **SFTP (SSH File Transfer Protocol)**: Extensão do FTP que utiliza SSH para fornecer uma camada adicional de segurança.
- **TFTP (Trivial File Transfer Protocol)**: Protocolo simplificado para transferências de arquivos pequenas e rápidas, sem autenticação.

Protocolos de E-mails

- **SMTP (Simple Mail Transfer Protocol)**: Utilizado para envio de e-mails de um cliente para um servidor de e-mail ou entre servidores de e-mail.
- **POP3 (Post Office Protocol 3)**: Protocolo utilizado para recuperar e-mails de um servidor, baixando-os para o cliente e, geralmente, os removendo do servidor.
- **IMAP (Internet Message Access Protocol)**: Protocolo utilizado para acessar e gerenciar e-mails diretamente no servidor, permitindo a sincronização de mensagens entre múltiplos dispositivos.

6.4. Resolução de Nomes de Domínio

Funcionamento do DNS

- **Estrutura Hierárquica**: O DNS é organizado em uma hierarquia de domínios de nível superior (TLDs), domínios de segundo nível, e assim por diante.
- **Servidores DNS**: Incluem servidores raiz, servidores TLD, e servidores autoritativos que contêm informações específicas sobre domínios.

Processo de Resolução

1. **Consulta Recursiva**: Um cliente (resolver) envia uma consulta a um servidor DNS local, que, se necessário, consulta outros servidores DNS em nome do cliente.
2. **Consulta Iterativa**: O cliente envia consultas diretamente a múltiplos servidores DNS, seguindo as referências fornecidas até encontrar a resposta.

Tipos de Registros DNS

- **A (Address)**: Mapeia um nome de domínio para um endereço IPv4.
- **AAAA (IPv6 Address)**: Mapeia um nome de domínio para um endereço IPv6.
- **CNAME (Canonical Name)**: Mapeia um nome de domínio para outro nome de domínio.
- **MX (Mail Exchange)**: Especifica os servidores de e-mail responsáveis por receber e-mails para o domínio.
- **TXT (Text)**: Armazena informações textuais para vários propósitos, como verificação de domínio e configurações de segurança.

6.5. Proxies

Um proxy é um servidor que atua como intermediário entre o usuário final e o recurso que ele deseja acessar, como uma página da web. Proxies podem ser usados para várias finalidades, incluindo melhorar a segurança, desempenho, anonimato e controle de acesso.

Tipos de Proxies

1. Dedicated Proxy (Proxy Dedicado)

- **Descrição**: Um dedicated proxy é um servidor proxy exclusivo utilizado por um único cliente. Este tipo de proxy não é compartilhado com outros usuários, garantindo recursos dedicados e maior controle.
- **Uso Comum**: Utilizado por empresas ou indivíduos que necessitam de alto desempenho e segurança. Pode ser usado para acessar conteúdo restrito por geolocalização, realizar web scraping sem ser bloqueado, ou para transações sensíveis.
- **Vantagens**:
  - Melhor desempenho devido ao uso exclusivo dos recursos.
  - Maior segurança e controle sobre as configurações.
  - Menor risco de ser identificado como proxy devido ao uso exclusivo.
- **Desvantagens**:
  - Pode ser mais caro em comparação com proxies compartilhados.

2. Forward Proxy (Proxy de Encaminhamento)

- **Descrição**: Um forward proxy é um servidor que encaminha solicitações de clientes para a internet. Ele atua em nome dos clientes, ocultando suas identidades e IPs reais.
- **Uso Comum**: Utilizado para permitir acesso controlado à internet, cache de conteúdo, anonimato e bloqueio de conteúdo.
- **Vantagens**:
  - Ocultação de IP do cliente, melhorando a privacidade.
  - Pode armazenar em cache conteúdos frequentes, melhorando a performance.

- ○ Permite controle e monitoramento do uso da internet.
- Desvantagens:
  - ○ Pode ser um ponto único de falha se não for configurado corretamente.
  - ○ Pode introduzir latência se mal configurado ou sobrecarregado.

3. Reverse Proxy (Proxy Reverso)

- **Descrição**: Um reverse proxy é um servidor que encaminha solicitações de clientes para um ou mais servidores backend. O cliente faz solicitações ao proxy, que então as encaminha aos servidores apropriados.
- **Uso Comum**: Utilizado para distribuir a carga de tráfego, aumentar a segurança, e melhorar a performance de servidores web.
- **Vantagens**:
  - ○ Pode balancear a carga entre múltiplos servidores backend.
  - ○ Aumenta a segurança, ocultando os detalhes dos servidores backend.
  - ○ Pode realizar caching de conteúdo estático, melhorando a performance.
- **Desvantagens**:
  - ○ Adiciona um ponto adicional de configuração e possível falha.
  - ○ Pode introduzir latência se não configurado corretamente.

4. Transparent Proxy (Proxy Transparente)

- **Descrição**: Um transparent proxy é um servidor proxy que intercepta solicitações dos clientes sem a necessidade de configuração explícita no cliente. Os clientes não sabem que estão utilizando um proxy.

- **Uso Comum**: Utilizado para monitoramento e controle de tráfego, caching de conteúdo e para restringir o acesso a determinados sites.
- **Vantagens**:
  - Fácil de implementar, pois não requer configuração nos dispositivos dos clientes.
  - Pode ser usado para monitorar e controlar o tráfego sem o conhecimento dos usuários.
  - Pode melhorar a performance através de caching.
- **Desvantagens**:
  - Pode ser visto como uma violação de privacidade pelos usuários.
  - Pode ser detectado e bloqueado por alguns serviços web.
  - Pode introduzir problemas de compatibilidade e latência se não configurado corretamente.

Capítulo 7: Segurança em Redes

7.1. Conceitos Básicos de Segurança de Redes

Importância da Segurança de Redes

A segurança de redes é crucial para proteger a integridade, confidencialidade e disponibilidade dos dados transmitidos e armazenados em uma rede. Com o aumento das ameaças cibernéticas, garantir a segurança da rede é vital para a continuidade dos negócios e a proteção das informações sensíveis.

Os princípios fundamentais de segurança da informação são **Confidencialidade, Integridade, Disponibilidade, Autenticidade e Legalidade**. Esses princípios formam a base para proteger dados e garantir que a informação seja mantida segura e confiável.

1. Confidencialidade

Confidencialidade refere-se à proteção da informação contra acessos não autorizados. Garante que os dados só sejam acessados por pessoas ou sistemas que tenham permissão para tal.

Exemplos:

- **Criptografia:** Utilização de técnicas de criptografia para proteger dados durante a transmissão ou armazenamento.
- **Controle de Acesso:** Implementação de senhas, autenticação multifator e permissões para restringir o acesso à informação.
- **Políticas de Privacidade:** Definição de políticas que determinam quem pode acessar determinadas informações.

2. Integridade

Integridade assegura que a informação não seja alterada ou corrompida de maneira não autorizada. Garante que os dados permaneçam corretos, completos e consistentes ao longo do seu ciclo de vida.

Exemplos:

- **Checksums e Hashes:** Utilização de funções de hash para verificar a integridade dos dados.
- **Controles de Versão:** Manutenção de versões de arquivos para rastrear e controlar alterações.
- **Assinaturas Digitais:** Uso de assinaturas digitais para garantir que os dados não foram alterados desde que foram assinados.

3. Disponibilidade

Disponibilidade garante que a informação e os sistemas estejam acessíveis e utilizáveis quando necessário. Assegura que os usuários autorizados possam acessar a informação e os recursos de TI sempre que necessário.

Exemplos:

- **Backups:** Realização de backups regulares para garantir que os dados possam ser restaurados em caso de falha.
- **Redundância:** Implementação de sistemas redundantes para garantir continuidade em caso de falhas.
- **Manutenção Preventiva:** Realização de manutenção regular para evitar falhas de sistemas e equipamentos.

4. Autenticidade

Autenticidade assegura que as identidades de usuários e sistemas sejam verificadas e que as comunicações sejam genuínas. Garante que as partes envolvidas em uma comunicação ou transação sejam quem dizem ser.

Exemplos:

- **Autenticação de Usuários:** Uso de senhas, autenticação multifator e biometria para verificar a identidade dos usuários.
- **Certificados Digitais:** Utilização de certificados digitais para autenticar servidores e estabelecer conexões seguras.
- **Assinaturas Digitais:** Uso de assinaturas digitais para verificar a autenticidade de documentos e mensagens.

5. Legalidade

Legalidade refere-se à conformidade com leis, regulamentos e políticas aplicáveis à coleta, armazenamento e uso de informação. Garante que todas as atividades de TI sejam realizadas em conformidade com a legislação vigente.

Exemplos:

- **Regulamentos de Proteção de Dados:** Conformidade com leis de proteção de dados como GDPR (Regulamento Geral sobre a Proteção de Dados) e LGPD (Lei Geral de Proteção de Dados).
- **Licenciamento de Software:** Uso de software licenciado corretamente para evitar violações de direitos autorais.
- **Políticas de Conformidade:** Desenvolvimento e implementação de políticas internas para garantir a conformidade com regulamentos e padrões da indústria.

7.2. Firewalls e Sistemas de Prevenção de Intrusão (IPS)

Firewalls

Um **firewall** é um sistema de segurança de rede que monitora e controla o tráfego de rede, tanto de entrada quanto de saída, com base em regras de segurança predefinidas. Os firewalls atuam como uma barreira entre redes confiáveis (como uma rede interna) e redes não confiáveis (como a Internet), protegendo os recursos da rede contra acessos não autorizados, ataques cibernéticos e outras ameaças.

Funções Principais de um Firewall

1. **Filtragem de Pacotes:**
   - Inspeciona cada pacote de dados que tenta entrar ou sair da rede e permite ou bloqueia esses pacotes com base em critérios predefinidos, como endereços IP de origem e destino, portas de origem e destino, e o protocolo utilizado.
2. **Controle de Acesso:**
   - Define regras de acesso que determinam quais usuários ou dispositivos têm permissão para acessar recursos específicos na rede. Isso pode incluir a autenticação de usuários e a autorização para acessar determinados serviços ou dados.
3. **Monitoramento e Registro:**
   - Registra atividades de rede para análise posterior, permitindo a detecção de tentativas de intrusão, violações de políticas e outros comportamentos suspeitos. Logs de firewall são frequentemente revisados para auditoria e resposta a incidentes.
4. **Prevenção de Intrusões:**
   - Pode incluir funcionalidades de prevenção de intrusões (IPS) que detectam e bloqueiam ataques em tempo real, baseando-se em

assinaturas conhecidas de ataques ou em análises comportamentais.

5. **VPN (Virtual Private Network):**
   - Suporte para VPNs, permitindo a criação de túneis seguros através da Internet para conectar redes remotas ou usuários móveis à rede interna de forma segura.

Tipos de Firewalls

1. **Firewalls de Filtro de Pacotes (Packet-Filtering Firewalls):**
   - Examina pacotes individualmente e aplica regras de filtragem baseadas em cabeçalhos de pacotes. São simples e eficientes, mas não conseguem inspecionar o conteúdo dos pacotes.

2. **Firewalls de Inspeção de Estado (Stateful Inspection Firewalls):**
   - Monitora o estado das conexões de rede e faz decisões de filtragem com base no estado e contexto da conexão, além dos cabeçalhos dos pacotes.

3. **Firewalls Proxy (Proxy Firewalls):**
   - Atuam como intermediários entre os dispositivos internos e externos, inspecionando todo o tráfego que passa por eles. Oferecem segurança adicional ao esconder a verdadeira origem dos pacotes internos.

4. **Firewalls de Próxima Geração (NGFW - Next-Generation Firewalls):**
   - Integram funcionalidades avançadas, como inspeção profunda de pacotes (DPI), prevenção de intrusões (IPS), controle de aplicações, e análise de tráfego criptografado. São capazes de identificar e mitigar ameaças modernas de forma mais eficaz.

5. **Firewalls de Aplicação Web (WAF - Web Application Firewalls):**
   - Projetados para proteger aplicações web específicas, inspecionando tráfego HTTP/HTTPS e bloqueando ataques comuns contra aplicações web, como injeções SQL e cross-site scripting (XSS).

Vantagens de Utilizar um Firewall

1. **Proteção contra Ameaças:**
   - Bloqueia acessos não autorizados e ataques cibernéticos, protegendo a rede interna e os recursos de TI.
2. **Controle de Acesso:**
   - Define e aplica políticas de segurança que regulam quem pode acessar quais recursos e sob quais condições.
3. **Monitoramento de Segurança:**
   - Permite a detecção e resposta a atividades suspeitas, ajudando a prevenir e mitigar incidentes de segurança.
4. **Segurança em Redes Remotas:**
   - Suporte para VPNs proporciona conexões seguras para trabalhadores remotos e filiais, garantindo que o tráfego seja criptografado e protegido.
5. **Conformidade:**
   - Ajuda as organizações a atender a requisitos de conformidade regulatória ao implementar controles de segurança apropriados.

Desvantagens e Limitações

1. **Complexidade de Configuração:**
   - Configurar e manter regras de firewall eficazes pode ser complexo e requer conhecimento especializado.

2. **Impacto no Desempenho:**
   - Firewalls podem introduzir latência e reduzir o desempenho da rede, especialmente se estiverem inspecionando tráfego em profundidade.
3. **Não é à Prova de Falhas:**
   - Firewalls são apenas uma parte de uma estratégia de segurança abrangente e não podem proteger contra todas as ameaças, especialmente ataques internos ou ameaças que já estão dentro da rede.

Sistemas de Prevenção de Intrusão (IPS)

Um **Intrusion Prevention System (IPS)**, ou Sistema de Prevenção de Intrusões, é um dispositivo de segurança de rede que monitora o tráfego de rede em tempo real e toma medidas preventivas para bloquear e mitigar ataques cibernéticos. O IPS funciona de forma proativa, identificando e impedindo ameaças antes que elas possam causar danos à rede ou aos sistemas.

Funções Principais de um IPS

1. **Monitoramento em Tempo Real:**
   - Analisa o tráfego de rede continuamente para detectar atividades suspeitas ou maliciosas.
   - Utiliza técnicas como análise de assinatura, detecção de anomalias e análise heurística.
2. **Prevenção de Intrusões:**
   - Bloqueia automaticamente os ataques identificados, interrompendo a conexão maliciosa ou impedindo que pacotes maliciosos cheguem ao destino.
   - Pode tomar medidas como bloquear endereços IP, fechar conexões, ou reconfigurar dispositivos de rede para prevenir a intrusão.

3. **Análise de Assinaturas:**
   - Utiliza um banco de dados de assinaturas de ataques conhecidos para identificar tráfego malicioso.
   - As assinaturas são padrões específicos que correspondem a ataques conhecidos, como explorações de vulnerabilidades ou tentativas de invasão.
4. **Detecção de Anomalias:**
   - Estabelece uma linha de base do comportamento normal da rede e identifica desvios significativos que possam indicar um ataque.
   - Anomalias podem incluir padrões incomuns de tráfego, tentativas de acesso a recursos restritos ou comportamentos que não correspondem ao perfil normal de uso.
5. **Análise Heurística:**
   - Utiliza algoritmos para identificar comportamentos suspeitos ou maliciosos, mesmo que não correspondam a uma assinatura conhecida.
   - Pode detectar ataques novos ou desconhecidos que não foram registrados em bases de dados de assinaturas.

Tipos de IPS

1. **IPS Baseado em Rede (NIPS):**
   - Monitora e protege a rede inteira ao analisar o tráfego que passa por pontos estratégicos da rede, como roteadores e switches.
   - Ideal para detectar e prevenir ataques que se propagam através da rede.
2. **IPS Baseado em Host (HIPS):**
   - Instalado em dispositivos finais (hosts), como servidores e computadores pessoais, para

proteger contra ataques direcionados diretamente a esses dispositivos.

- o Fornece proteção detalhada e específica para cada host, monitorando atividades locais e bloqueando comportamentos suspeitos.

Vantagens de Utilizar um IPS

1. **Prevenção Proativa:**
   - o Bloqueia ataques em tempo real antes que possam causar danos ou comprometer a segurança da rede.
2. **Monitoramento Contínuo:**
   - o Proporciona vigilância constante sobre o tráfego de rede, identificando e respondendo rapidamente a atividades suspeitas.
3. **Proteção Ampliada:**
   - o Complementa outras medidas de segurança, como firewalls e antivírus, fornecendo uma camada adicional de defesa contra intrusões.
4. **Flexibilidade e Configuração:**
   - o Permite ajustes e personalizações nas políticas de segurança para se adaptar às necessidades específicas da rede e dos sistemas protegidos.

Desvantagens e Limitações

1. **Falsos Positivos:**
   - o Pode bloquear tráfego legítimo erroneamente identificado como malicioso, causando interrupções nos serviços.
2. **Custo e Complexidade:**
   - o Implementar e manter um IPS pode ser caro e complexo, exigindo expertise técnica e recursos adicionais.

3. **Desempenho:**
   o A inspeção profunda do tráfego pode introduzir latência e afetar o desempenho da rede, especialmente em redes de alta velocidade.
4. **Dependência de Assinaturas:**
   o A eficácia na detecção de ataques conhecidos depende da atualização constante das assinaturas de ameaças.

7.3. VPNs (Virtual Private Networks)

O que é uma VPN?

Uma VPN (Rede Privada Virtual) cria uma conexão segura e criptografada sobre uma rede pública, como a Internet. Ela permite que os usuários acessem recursos de rede como se estivessem fisicamente conectados à rede privada.

Tipos de VPNs

- **VPNs de Acesso Remoto**: Permitem que usuários individuais se conectem a uma rede privada a partir de locais remotos.
- **VPNs de Site-a-Site**: Conectam redes inteiras entre locais geograficamente separados, como filiais de uma empresa.

Benefícios das VPNs

- **Segurança**: Criptografia dos dados transmitidos, protegendo-os contra interceptação e acesso não autorizado.
- **Privacidade**: Mascaramento dos endereços IP dos usuários, dificultando o rastreamento de suas atividades online.
- **Acesso Remoto Seguro**: Permite que funcionários trabalhem de qualquer lugar com segurança.

7.4. Criptografia e Protocolos Seguros (SSL/TLS, IPsec)

Criptografia

A criptografia é a prática de transformar dados legíveis em um formato codificado, que só pode ser decodificado por alguém com a chave correta.

- **Tipos de Criptografia**:
  - **Simétrica**: Usa a mesma chave para criptografar e descriptografar os dados (por exemplo, AES).
  - **Assimétrica**: Usa um par de chaves - uma chave pública para criptografar os dados e uma chave privada para descriptografá-los (por exemplo, RSA).

SSL/TLS (Secure Sockets Layer/Transport Layer Security)

SSL e seu sucessor TLS são protocolos que fornecem comunicação segura sobre uma rede, como a Internet.

- **Funções**:
  - Criptografia de dados durante a transmissão.
  - Autenticação do servidor (e opcionalmente do cliente) para garantir que a comunicação ocorra com o destino correto.
  - Integridade dos dados para evitar que sejam alterados durante a transmissão.
- **Usos Comuns**: Comércio eletrônico, acesso seguro a sites (HTTPS), e-mail seguro.

IPsec (Internet Protocol Security)

IPsec é um conjunto de protocolos que fornecem segurança para comunicações na camada de rede.

- **Funções**:
  - Criptografia dos pacotes IP para garantir confidencialidade.
  - Autenticação de origem para verificar a identidade dos remetentes dos pacotes.
  - Integridade dos dados para assegurar que os pacotes não sejam modificados durante a transmissão.
  - **Modos de Operação**:
    - **Modo de Transporte**: Protege apenas a carga útil do pacote IP.
    - **Modo de Túnel**: Protege o pacote IP inteiro, encapsulando-o em um novo pacote IP seguro.

Capítulo 8: Tecnologias e Protocolos de Rede

8.1. Wi-Fi e Redes Sem Fio

Wi-Fi (Wireless Fidelity)

Wi-Fi é uma tecnologia que permite a conexão sem fio à internet e redes locais usando ondas de rádio.

- **Padrões Wi-Fi:**
  - **802.11a/b/g/n/ac/ax**: Diferentes padrões com variações em termos de velocidade, frequência de operação e alcance.
    - **802.11a**: Opera na faixa de 5 GHz, com velocidades até 54 Mbps.
    - **802.11b**: Opera na faixa de 2,4 GHz, com velocidades até 11 Mbps.
    - **802.11g**: Opera na faixa de 2,4 GHz, com velocidades até 54 Mbps.
    - **802.11n**: Suporta 2,4 GHz e 5 GHz, com velocidades até 600 Mbps.
    - **802.11ac**: Opera na faixa de 5 GHz, com velocidades superiores a 1 Gbps.
    - **802.11ax (Wi-Fi 6)**: Suporta ambas as faixas 2,4 GHz e 5 GHz, com melhorias em capacidade e eficiência.
- **Segurança Wi-Fi:**
  - **WEP (Wired Equivalent Privacy)**: Protocolo de segurança básico e desatualizado.
  - **WPA (Wi-Fi Protected Access)**: Protocolo de segurança melhorado com criptografia TKIP.
  - **WPA2**: Utiliza criptografia AES, considerado mais seguro que WEP e WPA.
  - **WPA3**: A versão mais recente, com segurança aprimorada e proteção contra ataques de força bruta.

- **Componentes de uma Rede Wi-Fi**:
  - **Access Points (APs)**: Dispositivos que permitem a conexão de dispositivos sem fio a uma rede com fio.
  - **Clientes**: Dispositivos como laptops, smartphones e tablets que se conectam à rede Wi-Fi.
  - **Roteadores Wi-Fi**: Dispositivos que combinam as funções de roteador e AP para fornecer acesso à internet sem fio.

8.2. Bluetooth e Redes PAN

Bluetooth

Bluetooth é uma tecnologia de comunicação sem fio de curto alcance usada principalmente para conectar dispositivos pessoais.

- **Versões de Bluetooth**:
  - **Bluetooth Classic**: Usado para comunicação com maior largura de banda, como fones de ouvido e dispositivos de áudio.
  - **Bluetooth Low Energy (BLE)**: Projetado para dispositivos de baixa potência, como sensores e dispositivos de IoT.
- **Usos Comuns do Bluetooth**:
  - Conexão de periféricos (teclados, mouses, fones de ouvido).
  - Transferência de arquivos entre dispositivos.
  - Comunicação entre dispositivos de Internet das Coisas (IoT).

Redes PAN (Personal Area Network)

As redes PAN são redes usadas para a comunicação entre dispositivos pessoais dentro de um alcance limitado.

- **Características das Redes PAN**:
  - Alcance curto, geralmente dentro de 10 metros.
  - Usam tecnologias como Bluetooth e Infrared (IR).
  - Exemplos de dispositivos incluem smartphones, tablets, relógios inteligentes e dispositivos fitness.

8.3. MPLS (Multiprotocol Label Switching)

O que é MPLS?

MPLS é uma técnica de roteamento avançada que utiliza rótulos para encaminhar pacotes de dados em uma rede.

- **Funcionamento do MPLS**:
  - **Rótulos (Labels)**: Os pacotes são encaminhados com base em rótulos em vez de endereços IP, o que aumenta a velocidade de encaminhamento.
  - **LSRs (Label Switch Routers)**: Roteadores que fazem o encaminhamento dos pacotes MPLS com base nos rótulos.
  - **LSPs (Label Switched Paths)**: Caminhos pré-determinados estabelecidos para o tráfego MPLS.
- **Vantagens do MPLS**:
  - Melhor desempenho e eficiência no roteamento de pacotes.
  - Suporte para tráfego de múltiplos protocolos (IP, ATM, Frame Relay).
  - Capacidade de implementar QoS (Qualidade de Serviço) e VPNs (Redes Privadas Virtuais).

8.4. QoS (Quality of Service) e Gerenciamento de Tráfego

O que é QoS?

QoS refere-se a técnicas usadas para gerenciar e priorizar o tráfego de rede, garantindo que os serviços essenciais recebam a largura de banda necessária.

- **Componentes do QoS:**
  - **Classificação e Marcação de Tráfego**: Identificação do tipo de tráfego (voz, vídeo, dados) e aplicação de marcas para priorização.
  - **Filas de Prioridade (Priority Queuing)**: Criação de filas de espera para diferentes tipos de tráfego, com base em prioridades.
  - **Controle de Congestionamento**: Técnicas para evitar a saturação da rede, como RED (Random Early Detection).
- **Implementação de QoS:**
  - **DiffServ (Differentiated Services)**: Usa marcadores de tráfego no cabeçalho IP para diferenciar e priorizar pacotes.
  - **IntServ (Integrated Services)**: Reserva recursos de rede para fluxos de dados específicos, garantindo largura de banda e baixa latência.
- **Benefícios do QoS:**
  - Melhor qualidade para serviços sensíveis a latência, como VoIP e videoconferência.
  - Prioridade para tráfego crítico de negócios.
  - Redução da latência e jitter em redes congestionadas.

8.4. Lista de Protocolos Comuns

Protocolos TCP

Protocol	Acronym	Port
Telnet	Telnet	23
Secure Shell	SSH	22
Simple Network Management Protocol	SNMP	161-162
Hyper Text Transfer Protocol	HTTP	80
Hyper Text Transfer Protocol Secure	HTTPS	443

Domain Name System	DNS	53
File Transfer Protocol	FTP	20-21
Trivial File Transfer Protocol	TFTP	69
Network Time Protocol	NTP	123
Simple Mail Transfer Protocol	SMTP	25
Post Office Protocol	POP3	110
Internet Message Access Protocol	IMAP	143

Server Message Block	SMB	445
Network File System	NFS	111, 2049
Bootstrap Protocol	BOOTP	67, 68
Kerberos	Kerberos	88
Lightweight Directory Access Protocol	LDAP	389
Remote Authentication Dial-In User Service	RADIUS	1812, 1813

Dynamic Host Configuration Protocol	DHCP	67, 68
Remote Desktop Protocol	RDP	3389
Network News Transfer Protocol	NNTP	119
Remote Procedure Call	RPC	135, 137-139
Identification Protocol	Ident	113
Internet Control Message Protocol	ICMP	0-255

Internet Group Management Protocol	IGMP	0-255
Oracle DB (Default/Alternative) Listener	oracle-tns	1521/1526
Ingres Lock	ingreslock	1524
Squid Web Proxy	http-proxy	3128
Secure Copy Protocol	SCP	22
Session Initiation Protocol	SIP	5060
Simple Object Access Protocol	SOAP	80, 443

Secure Socket Layer	SSL	443
TCP Wrappers	TCPW	113
Internet Security Association and Key Management Protocol	ISAKMP	500
Microsoft SQL Server	ms-sql-s	1433
Kerberized Internet Negotiation of Keys	KINK	892
Open Shortest Path First	OSPF	89

Point-to-Point Tunneling Protocol	PPTP	1723
Remote Execution	REXEC	512
Remote Login	RLOGIN	513
X Window System	X11	6000
Relational Database Management System	DB2	50000

Protocolos UDP

Protocol	Acronym	Port
Domain Name System	DNS	53
Trivial File Transfer Protocol	TFTP	69

Network Time Protocol	NTP	123
Simple Network Management Protocol	SNMP	161
Routing Information Protocol	RIP	520
Internet Key Exchange	IKE	500
Bootstrap Protocol	BOOTP	68
Dynamic Host Configuration Protocol	DHCP	67
Telnet	TELNET	23
MySQL	MySQL	3306
Terminal Server	TS	3389
NetBIOS Name	netbios-ns	137
Microsoft SQL Server	ms-sql-m	1434
Universal Plug and Play	UPnP	1900

PostgreSQL	PGSQL	5432
Virtual Network Computing	VNC	5900
X Window System	X11	6000-6063
Syslog	SYSLOG	514
Internet Relay Chat	IRC	194
OpenPGP	OpenPGP	11371
Internet Protocol Security	IPsec	500
Internet Key Exchange	IKE	11371
X Display Manager Control Protocol	XDMCP	177

Capítulo 9: Monitoramento e Gerenciamento de Redes

9.1. Ferramentas de Monitoramento de Redes

Wireshark

- **Descrição**: Wireshark é uma das ferramentas de análise de protocolo de rede mais amplamente utilizadas, permitindo a captura e a inspeção detalhada do tráfego de rede.
- **Características**:
  - Captura de pacotes em tempo real.
  - Análise detalhada de centenas de protocolos.
  - Filtros para exibição e pesquisa de dados específicos.
  - Interface gráfica amigável.
- **Usos Comuns**:
  - Diagnóstico de problemas de rede.
  - Análise de desempenho.
  - Detecção de atividades suspeitas ou maliciosas.

Nagios

- **Descrição**: Nagios é uma ferramenta de monitoramento de rede e sistemas que ajuda a detectar e resolver problemas de infraestrutura antes que afetem os processos críticos.
- **Características**:
  - Monitoramento de serviços de rede (HTTP, SMTP, etc.).
  - Monitoramento de recursos de sistema (uso de CPU, memória, etc.).
  - Alertas e notificações em tempo real.
  - Relatórios detalhados e gráficos de desempenho.
- **Usos Comuns**:
  - Monitoramento contínuo da disponibilidade e saúde da rede.

- Detecção precoce de falhas de hardware e software.
- Geração de relatórios de disponibilidade para análise de SLA.

PRTG Network Monitor

- **Descrição**: PRTG é uma ferramenta de monitoramento de rede completa que oferece uma visão unificada do desempenho e disponibilidade de toda a infraestrutura de TI.
- **Características**:
  - Monitoramento de dispositivos, tráfego e aplicativos.
  - Mapas em tempo real e dashboards personalizáveis.
  - Alertas via email, SMS ou push notifications.
  - Suporte a uma ampla gama de protocolos (SNMP, WMI, Flow, etc.).
- **Usos Comuns**:
  - Monitoramento de tráfego de rede e uso de largura de banda.
  - Identificação de gargalos e pontos de falha.
  - Relatórios de desempenho e uso para planejamento de capacidade.

9.2. Protocolos de Gerenciamento (SNMP)

SNMP (Simple Network Management Protocol)

- **Descrição**: SNMP é um protocolo usado para gerenciar e monitorar dispositivos de rede como roteadores, switches, servidores e impressoras.
- **Componentes**:
  - **Gerente (Manager)**: Software que controla e monitora os dispositivos de rede.

- ○ **Agente (Agent)**: Software que roda nos dispositivos gerenciados, coletando dados de desempenho e status.
- ○ **MIB (Management Information Base)**: Banco de dados que descreve a estrutura dos dados gerenciados no dispositivo.
- **Funcionamento**:
  - ○ **GET**: O gerente solicita informações do agente.
  - ○ **SET**: O gerente altera um valor no agente.
  - ○ **TRAP**: O agente envia informações não solicitadas ao gerente.
- **Usos Comuns**:
  - ○ Monitoramento de desempenho de rede.
  - ○ Coleta de dados de utilização de recursos.
  - ○ Detecção e alerta de falhas de dispositivo.

9.3. Diagnóstico e Solução de Problemas de Rede

Abordagens Comuns

- **Ping**: Testa a conectividade básica entre dispositivos de rede, medindo o tempo de ida e volta das mensagens.
- **Traceroute**: Identifica o caminho que os pacotes tomam para alcançar um destino, ajudando a localizar pontos de falha ou gargalos.
- **nslookup/Dig**: Ferramentas usadas para consultar servidores DNS e resolver problemas de resolução de nomes de domínio.

Diagnóstico de Problemas Comuns

- **Conectividade**: Verificar cabos, dispositivos de rede e configurações de IP.
- **Desempenho**: Monitorar uso de largura de banda, latência e perda de pacotes.
- **Segurança**: Identificar tráfego suspeito, varredura de portas e análise de logs.

9.4. Gerenciamento de Endereços IP e DHCP

DHCP (Dynamic Host Configuration Protocol)

- **Descrição**: DHCP é um protocolo que atribui automaticamente endereços IP e outras configurações de rede aos dispositivos em uma rede.
- **Funcionamento**:
  - **Descoberta (Discover)**: O cliente envia um pedido de DHCP.
  - **Oferta (Offer)**: O servidor DHCP responde com uma oferta de configuração.
  - **Solicitação (Request)**: O cliente solicita a configuração oferecida.
  - **Confirmação (ACK)**: O servidor confirma a atribuição da configuração.
- **Vantagens**:
  - Redução de erros na configuração manual de IPs.
  - Facilidade na gestão e escalabilidade de grandes redes.
  - Liberação e reutilização automática de endereços IP.

Gerenciamento de Endereços IP

- **Planejamento de Sub-redes**: Divisão da rede em sub-redes menores para melhor organização e segurança.
- **Reservas de DHCP**: Atribuição estática de endereços IP a dispositivos específicos para garantir consistência.
- **Monitoramento de Utilização de IP**: Acompanhamento do uso de endereços IP para evitar conflitos e esgotamento.

Capítulo 10: Redes em Nuvem e Virtualização

10.1. Conceitos de Computação em Nuvem

O que é Computação em Nuvem?

Computação em Nuvem é um modelo de fornecimento de recursos de TI sob demanda pela internet, incluindo armazenamento, processamento e capacidade de rede. Em vez de possuir e manter datacenters físicos e servidores, as organizações podem alugar esses recursos de um provedor de serviços em nuvem, pagando apenas pelo uso que fazem.

Principais Características da Computação em Nuvem

1. **Serviços Sob Demanda:**
   - Usuários podem provisionar recursos de computação automaticamente, sem a necessidade de interação humana com cada provedor de serviços.
   - Exemplos incluem a criação de máquinas virtuais, alocação de espaço de armazenamento e ajuste de capacidade de processamento conforme necessário.
2. **Acesso Amplo à Rede:**
   - Recursos são acessíveis através da rede e podem ser utilizados por dispositivos heterogêneos, como laptops, smartphones e tablets.
   - Isso permite que os usuários acessem serviços e dados de qualquer lugar, desde que tenham uma conexão com a internet.
3. **Agrupamento de Recursos (Resource Pooling):**
   - Os recursos de computação do provedor são agrupados para servir múltiplos clientes usando um modelo multi-tenant, com diferentes recursos físicos e virtuais atribuídos dinamicamente conforme a demanda.

- Os usuários não sabem a localização exata dos recursos, mas podem especificar a localização em um nível mais alto de abstração (como região, estado ou datacenter).

4. **Elasticidade Rápida:**
   - A capacidade pode ser aumentada ou reduzida rapidamente, às vezes automaticamente, de acordo com a demanda.
   - Para o usuário, os recursos parecem ilimitados e podem ser apropriados em qualquer quantidade a qualquer momento.

5. **Serviço Medido:**
   - Sistemas em nuvem automaticamente controlam e otimizam o uso de recursos, utilizando uma capacidade de medição em algum nível de abstração apropriado ao tipo de serviço (por exemplo, armazenamento, processamento, largura de banda).
   - Os recursos utilizados podem ser monitorados, controlados e relatados, proporcionando transparência tanto para o provedor quanto para o consumidor.

Modelos de Serviço em Nuvem

Os modelos de serviço em nuvem oferecem diferentes níveis de controle, flexibilidade e gerenciamento, permitindo que as organizações escolham a solução que melhor atende às suas necessidades. Os principais modelos de serviço em nuvem são:

1. **IaaS (Infrastructure as a Service):**
   - Fornece infraestrutura de TI virtualizada através da internet. Inclui recursos como máquinas virtuais, armazenamento, redes e sistemas operacionais.
   - **Exemplo:** Amazon Web Services (AWS), Microsoft Azure, Google Cloud Platform (GCP).
   - **Vantagens:**

- Flexibilidade para configurar a infraestrutura de acordo com as necessidades.
- Pagamento baseado no uso, o que pode ser econômico.
- Escalabilidade para aumentar ou diminuir recursos conforme necessário.
  - Desvantagens:
    - Necessidade de gerenciamento e manutenção da infraestrutura.
    - Requer conhecimento técnico para configurar e gerenciar recursos.

2. **PaaS (Platform as a Service):**
   - Fornece uma plataforma e ambiente para desenvolvedores criarem, testarem e implantarem aplicações. Inclui infraestrutura, servidores, armazenamento, rede, banco de dados e ferramentas de desenvolvimento.
   - **Exemplo:** Google App Engine, Microsoft Azure App Service, Heroku.
   - **Vantagens:**
     - Facilita o desenvolvimento e a implantação de aplicações sem se preocupar com a infraestrutura subjacente.
     - Fornece ferramentas e serviços integrados para desenvolvimento, teste e implantação.
     - Reduz o tempo de desenvolvimento e acelera a entrega de aplicações.
   - **Desvantagens:**
     - Menor controle sobre a infraestrutura subjacente.
     - Pode haver limitações na personalização da plataforma.

3. **SaaS (Software as a Service):**
   - Fornece software e aplicações completas através da internet. Usuários acessam os

aplicativos via navegador web, sem necessidade de instalação ou gerenciamento de software.

- o **Exemplo:** Google Workspace (Gmail, Google Docs), Microsoft Office 365, Salesforce.
- o **Vantagens:**
  - Fácil acesso a partir de qualquer dispositivo com internet.
  - Nenhuma necessidade de instalar, manter ou atualizar software.
  - Modelos de assinatura flexíveis e geralmente baseados em uso.
- o **Desvantagens:**
  - Menor controle sobre o software e os dados.
  - Dependência do fornecedor para manutenção e segurança.

Comparação entre os Modelos

1. **Controle e Gestão:**
   - o **IaaS:** Oferece maior controle sobre a infraestrutura. Ideal para empresas que precisam de flexibilidade e personalização.
   - o **PaaS:** Reduz a complexidade de gerenciamento da infraestrutura, focando no desenvolvimento e implantação de aplicações.
   - o **SaaS:** Requer o mínimo de gerenciamento pelo usuário, pois o fornecedor gerencia tudo, incluindo atualizações e segurança.
2. **Flexibilidade e Personalização:**
   - o **IaaS:** Máxima flexibilidade e capacidade de personalização da infraestrutura.
   - o **PaaS:** Oferece um equilíbrio entre flexibilidade e facilidade de uso. Pode haver limitações na personalização.
   - o **SaaS:** Menor flexibilidade e personalização, pois o software é entregue como um serviço completo.

3. **Custos:**
   - **IaaS:** Pagamento baseado no uso, com potencial para economias significativas, mas pode ter custos imprevisíveis.
   - **PaaS:** Geralmente oferece preços baseados em uso ou assinatura, com custos previsíveis para desenvolvimento e implantação de aplicações.
   - **SaaS:** Custos baseados em assinatura, geralmente por usuário, com previsibilidade nos gastos.

Modelos de Implantação em Nuvem

Os modelos de implantação em nuvem descrevem como a infraestrutura e os serviços de computação em nuvem são disponibilizados e acessados pelos usuários. Existem quatro principais modelos de implantação em nuvem: Nuvem Pública, Nuvem Privada, Nuvem Híbrida e Nuvem Comunitária. Cada modelo oferece diferentes níveis de controle, flexibilidade e segurança, permitindo que as organizações escolham a melhor opção de acordo com suas necessidades específicas.

1. Nuvem Pública

Definição: A Nuvem Pública é um modelo de implantação onde os serviços de computação são oferecidos ao público em geral por um provedor de serviços de nuvem. Os recursos de TI, como servidores, armazenamento e aplicativos, são hospedados na infraestrutura do provedor e acessados pela internet.

Características:

- **Propriedade:** Infraestrutura pertencente e operada por um provedor de serviços de nuvem terceirizado.
- **Acesso:** Serviços disponíveis ao público em geral ou a um grande grupo de usuários.

- **Custos:** Modelo de pagamento conforme o uso, sem necessidade de investimentos iniciais em hardware.
- **Escalabilidade:** Alta escalabilidade, com capacidade de aumentar ou diminuir recursos rapidamente.

Exemplos: Amazon Web Services (AWS), Microsoft Azure, Google Cloud Platform (GCP).

Vantagens:

- **Custo-efetividade:** Reduz custos operacionais e de infraestrutura.
- **Escalabilidade:** Facilmente escalável para atender a demandas variáveis.
- **Acessibilidade:** Acesso global a partir de qualquer lugar com conexão à internet.
- **Atualizações Automáticas:** O provedor cuida das atualizações e manutenção da infraestrutura.

Desvantagens:

- **Segurança:** Preocupações com a segurança dos dados e privacidade.
- **Controle:** Menor controle sobre a infraestrutura e os serviços.
- **Conformidade:** Desafios para atender a requisitos regulamentares específicos.

2. Nuvem Privada

Definição: A Nuvem Privada é um modelo de implantação onde a infraestrutura e os serviços de computação são dedicados exclusivamente a uma única organização. A nuvem privada pode ser gerenciada internamente pela organização ou por um provedor terceirizado.

Características:

- **Propriedade:** Infraestrutura dedicada e controlada pela organização ou por um provedor terceirizado.
- **Acesso:** Exclusivo para a organização que a utiliza.
- **Segurança:** Maior controle sobre segurança e privacidade dos dados.
- **Customização:** Alta capacidade de customização para atender a necessidades específicas.

Exemplos: Nuvem privada interna em um data center da empresa ou nuvem privada hospedada em um provedor como IBM Cloud Private.

Vantagens:

- **Segurança:** Maior controle sobre a segurança dos dados.
- **Conformidade:** Facilidade para atender a requisitos regulamentares e de conformidade.
- **Customização:** Infraestrutura altamente customizável para atender a necessidades específicas.
- **Desempenho:** Potencialmente melhor desempenho devido a recursos dedicados.

Desvantagens:

- **Custo:** Maior custo inicial e de manutenção em comparação com a nuvem pública.
- **Escalabilidade:** Menos escalável em comparação com a nuvem pública.
- **Gerenciamento:** Requer recursos e expertise para gerenciamento e manutenção.

3. Nuvem Híbrida

Definição: A Nuvem Híbrida é um modelo de implantação que combina nuvens públicas e privadas, permitindo que dados e aplicativos sejam compartilhados entre elas. Este modelo oferece a flexibilidade de utilizar a nuvem pública para cargas de trabalho variáveis e a nuvem privada para dados sensíveis e aplicações críticas.

Características:

- **Propriedade:** Combinação de infraestrutura pública e privada.
- **Acesso:** Dados e aplicações podem ser movidos entre nuvens públicas e privadas conforme necessário.
- **Flexibilidade:** Permite a escolha do ambiente mais adequado para cada carga de trabalho.
- **Interoperabilidade:** Necessidade de compatibilidade entre as nuvens pública e privada.

Exemplos: Utilizar uma nuvem privada para dados sensíveis e uma nuvem pública para operações de pico.

Vantagens:

- **Flexibilidade:** Capacidade de mover cargas de trabalho entre nuvens públicas e privadas.
- **Escalabilidade:** Utilização da nuvem pública para escalabilidade sob demanda.
- **Otimização de Custos:** Redução de custos operacionais ao utilizar a nuvem pública para cargas de trabalho variáveis.
- **Segurança:** Maior segurança para dados sensíveis na nuvem privada.

Desvantagens:

- **Complexidade:** Maior complexidade de gerenciamento e integração.
- **Segurança:** Necessidade de políticas de segurança consistentes entre nuvens públicas e privadas.
- **Conectividade:** Dependência de conectividade robusta e confiável entre as nuvens.

4. Nuvem Comunitária

Definição: A Nuvem Comunitária é um modelo de implantação onde a infraestrutura é compartilhada por várias organizações com interesses comuns, como missão, requisitos de segurança, políticas e considerações de conformidade.

Características:

- **Propriedade:** Infraestrutura compartilhada por várias organizações.
- **Acesso:** Utilização restrita às organizações que fazem parte da comunidade.
- **Segurança:** Segurança e conformidade adaptadas às necessidades da comunidade.
- **Colaboração:** Facilita a colaboração entre organizações com objetivos comuns.

Exemplos: Nuvens usadas por várias universidades para projetos de pesquisa colaborativa.

Vantagens:

- **Custo-efetividade:** Compartilhamento de custos entre as organizações participantes.
- **Colaboração:** Facilita a colaboração e o compartilhamento de recursos.
- **Segurança:** Segurança e conformidade adaptadas às necessidades da comunidade.
- **Flexibilidade:** Combina recursos e expertise de várias organizações.

Desvantagens:

- **Complexidade:** Gerenciamento e governança podem ser complexos devido à participação de várias organizações.
- **Conflitos:** Possibilidade de conflitos de interesse entre as organizações participantes.
- **Escalabilidade:** Pode ter limitações de escalabilidade comparado com a nuvem pública.

10.2. Virtualização de Redes (VLANs, VXLANs)

A **Virtualização de Redes** é uma tecnologia que permite a criação de múltiplas redes virtuais sobre uma única infraestrutura física de rede. Isso é alcançado através da abstração dos recursos físicos de rede, como switches, roteadores e links físicos, permitindo que várias redes virtuais independentes sejam configuradas e gerenciadas de maneira flexível e eficiente.

Principais Componentes e Conceitos da Virtualização de Redes

1. **Máquinas Virtuais (VMs):**
   o Servidores físicos são virtualizados em várias VMs, cada uma executando seu próprio sistema operacional e aplicativos.
   o As VMs podem ser movidas entre servidores físicos sem interromper os serviços.
2. **Switches Virtuais:**
   o Switches de software que operam dentro de um ambiente de virtualização, conectando VMs entre si e ao restante da rede.
   o Exemplo: Open vSwitch, VMware vSwitch.
3. **Redes Virtuais (VLANs):**
   o Redes locais virtuais que segmentam redes físicas em várias redes lógicas, permitindo que diferentes grupos de dispositivos se comuniquem como se estivessem na mesma rede física.
   o Identificadas por IDs de VLAN.

4. **Redes Definidas por Software (SDN):**
   - Abstração e controle centralizado da rede através de software, separando o plano de controle (inteligência da rede) do plano de dados (encaminhamento do tráfego).
   - Permite a automação e a programação da rede para responder dinamicamente às necessidades de negócios.
5. **Overlays de Rede:**
   - Técnicas como VXLAN (Virtual Extensible LAN) e NVGRE (Network Virtualization using Generic Routing Encapsulation) encapsulam pacotes de rede dentro de outro protocolo para criar redes virtuais sobre uma infraestrutura física existente.
6. **Controladores SDN:**
   - Componentes centrais de uma rede definida por software que gerenciam a rede de forma programável, tomando decisões baseadas em políticas para roteamento e configuração de rede.
   - Exemplo: OpenDaylight, Cisco ACI.

Vantagens da Virtualização de Redes

1. **Eficiência e Utilização de Recursos:**
   - Maximiza a utilização da infraestrutura física ao permitir que vários ambientes virtuais compartilhem os mesmos recursos de hardware.
   - Reduz o número de dispositivos físicos necessários, economizando custos e energia.
2. **Flexibilidade e Agilidade:**
   - Facilita a criação, configuração e gerenciamento de redes virtuais de forma rápida e eficiente.
   - Permite a movimentação dinâmica de VMs e aplicativos, suportando a continuidade dos negócios e a recuperação de desastres.

3. **Segurança e Isolamento:**
   - Segmenta e isola o tráfego de rede de diferentes grupos ou departamentos, melhorando a segurança.
   - Facilita a implementação de políticas de segurança personalizadas para diferentes redes virtuais.
4. **Simplificação do Gerenciamento:**
   - Centraliza e automatiza a administração da rede através de controladores SDN e software de gerenciamento.
   - Reduz a complexidade da configuração manual e a probabilidade de erros.
5. **Escalabilidade:**
   - Permite a expansão fácil e rápida da infraestrutura de rede virtual sem a necessidade de grandes investimentos em hardware adicional.
   - Suporta o crescimento e a adaptação às necessidades variáveis de negócios.

Desafios da Virtualização de Redes

1. **Complexidade de Implementação:**
   - Implementar e gerenciar redes virtualizadas pode ser complexo, exigindo conhecimento especializado e ferramentas adequadas.
2. **Segurança:**
   - Embora a virtualização possa melhorar a segurança através do isolamento, também pode introduzir novos vetores de ataque que precisam ser gerenciados adequadamente.
3. **Desempenho:**
   - A sobrecarga de virtualização pode impactar o desempenho da rede, especialmente se a infraestrutura física subjacente não for adequada.
4. **Compatibilidade:**

- Garantir a compatibilidade entre diferentes tecnologias e fornecedores de virtualização pode ser um desafio.

Exemplos de Tecnologias e Ferramentas de Virtualização de Redes

1. **VMware NSX:**
   - Plataforma de virtualização de rede que fornece uma abordagem baseada em software para a criação e gerenciamento de redes virtuais.
2. **Cisco ACI (Application Centric Infrastructure):**
   - Solução de rede definida por software que permite a automação e o gerenciamento centralizado da rede.
3. **OpenStack Neutron:**
   - Componente de rede do OpenStack que fornece redes como serviço, facilitando a criação e gerenciamento de redes virtuais em nuvens públicas e privadas.
4. **Microsoft Hyper-V Network Virtualization:**
   - Solução de virtualização de rede integrada ao Hyper-V, que permite a criação de redes virtuais sobre uma infraestrutura física existente.

10.3. Serviços de Rede em Nuvem (AWS, Azure, Google Cloud)

Os principais provedores de serviços em nuvem - Amazon Web Services (AWS), Microsoft Azure e Google Cloud Platform (GCP) - oferecem uma ampla gama de serviços de rede para atender às necessidades de conectividade, segurança e desempenho das aplicações em nuvem. A seguir, uma visão geral dos principais serviços de rede oferecidos por cada um desses provedores:

Amazon Web Services (AWS)

1. **Amazon Virtual Private Cloud (VPC):**

- Permite a criação de uma rede virtual isolada dentro da nuvem AWS.
- Você pode definir sub-redes, tabelas de roteamento e gateways de rede.

2. **Elastic Load Balancing (ELB):**
   - Distribui automaticamente o tráfego de entrada de aplicações entre múltiplas instâncias EC2.
   - Suporta balanceamento de carga de aplicativos (ALB), balanceamento de carga de rede (NLB) e balanceamento de carga clássico.

3. **AWS Direct Connect:**
   - Estabelece uma conexão de rede privada dedicada entre o datacenter local e a nuvem AWS, proporcionando maior largura de banda e latência reduzida.

4. **Amazon Route 53:**
   - Serviço de DNS escalável e de alta disponibilidade.
   - Gerencia roteamento de tráfego e failover para garantir alta disponibilidade de aplicações.

5. **AWS Transit Gateway:**
   - Conecta VPCs e redes locais através de um único gateway.
   - Simplifica a gestão de redes complexas e escaláveis.

6. **AWS CloudFront:**
   - Serviço de CDN (Content Delivery Network) que distribui conteúdo globalmente com baixa latência.
   - Melhora o desempenho de aplicativos web, vídeos e APIs.

7. **AWS VPN:**
   - Estabelece conexões VPN seguras entre sua rede local ou data center e suas VPCs na AWS.

Microsoft Azure

136

1. **Azure Virtual Network (VNet):**
   - Permite a criação de redes privadas na nuvem Azure.
   - Suporta sub-redes, tabelas de roteamento, gateways de rede e grupos de segurança.
2. **Azure Load Balancer:**
   - Balanceador de carga que distribui tráfego de entrada para VMs.
   - Suporta balanceamento de carga público e interno.
3. **Azure ExpressRoute:**
   - Estabelece conexões privadas dedicadas entre a infraestrutura local e a nuvem Azure.
   - Oferece maior confiabilidade, velocidade e segurança.
4. **Azure DNS:**
   - Serviço de DNS que permite hospedar seus domínios DNS na nuvem Azure.
   - Gerencia roteamento de tráfego de maneira eficiente.
5. **Azure Traffic Manager:**
   - Balanceador de carga baseado em DNS que distribui o tráfego de rede para serviços globais da Azure.
   - Suporta roteamento geográfico, de prioridade e de desempenho.
6. **Azure Front Door:**
   - Serviço de CDN e balanceamento de carga global.
   - Melhora o desempenho e a segurança das aplicações web.
7. **Azure VPN Gateway:**
   - Estabelece conexões VPN seguras entre redes locais ou datacenters e redes virtuais no Azure.

Google Cloud Platform (GCP)

1. **Google Virtual Private Cloud (VPC):**

- Permite a criação de redes privadas na nuvem GCP.
- Suporta sub-redes, tabelas de roteamento, firewalls e interconexões híbridas.

2. **Google Cloud Load Balancing:**
   - Serviço de balanceamento de carga que distribui tráfego de entrada entre instâncias de VM.
   - Suporta balanceamento de carga global, regional, HTTP(S), TCP/UDP e interno.

3. **Cloud Interconnect:**
   - Estabelece conexões privadas dedicadas entre sua rede local e a nuvem GCP.
   - Oferece maior largura de banda e menor latência.

4. **Cloud DNS:**
   - Serviço de DNS escalável e gerenciado.
   - Oferece alta disponibilidade e baixa latência para resolução de nomes de domínio.

5. **Traffic Director:**
   - Gerenciamento de tráfego e controle de serviço em grande escala.
   - Oferece balanceamento de carga global e roteamento de tráfego avançado.

6. **Cloud CDN:**
   - Serviço de CDN que melhora o desempenho e a disponibilidade de conteúdo web e vídeo.
   - Oferece baixa latência e entrega rápida de conteúdo.

7. **Cloud VPN:**
   - Estabelece conexões VPN seguras entre sua rede local e a nuvem GCP.
   - Suporta VPN de site a site e interconexões híbridas.

Conclusão

Ao concluir o estudo de um livro de redes de computadores, é evidente que as redes de comunicação desempenham um papel crucial na era da informação, conectando pessoas, dispositivos e sistemas ao redor do mundo. Este aprendizado nos proporciona uma compreensão abrangente das arquiteturas, protocolos e tecnologias que formam a base das redes modernas.

Principais Pontos de Aprendizado

Fundamentos de Redes:
- Compreender os princípios básicos das redes de computadores, incluindo topologias, modelos de referência (como o modelo OSI e TCP/IP) e os tipos de redes (LAN, WAN, MAN, PAN) estabelece a base para estudos mais avançados.
- Aprender sobre a importância das camadas de rede e como cada uma desempenha uma função específica na comunicação de dados.

Protocolos de Comunicação:
- Estudar os protocolos de rede como TCP, UDP, IP e HTTP nos dá uma visão sobre como a comunicação é estruturada e gerenciada. Esses protocolos garantem a entrega confiável e eficiente dos dados.
- Aprofundar-se em protocolos de roteamento e comutação, como OSPF, BGP, e MPLS, ajuda a entender como os dados encontram o caminho mais eficiente através da rede.

Reflexão Final

Estudar redes de computadores não apenas amplia nosso conhecimento técnico, mas também nos prepara para enfrentar os desafios de um mundo cada vez mais interconectado. As habilidades adquiridas são fundamentais para projetar, implementar e gerenciar redes eficientes, seguras e escaláveis.

Este aprendizado destaca a importância de continuar atualizando nossos conhecimentos para acompanhar as rápidas inovações tecnológicas. A capacidade de entender e aplicar conceitos de redes de computadores é essencial para qualquer profissional de TI, garantindo que possamos construir e manter infraestruturas de comunicação robustas e resilientes.

Em última análise, as redes de computadores são o alicerce da nossa sociedade digital, e dominar seus princípios e práticas nos posiciona na vanguarda da revolução tecnológica.

Quer continuar aprendendo sobre cibersegurança, continue acompanhando e seguindo esta série de livros.

www.ingramcontent.com/pod-product-compliance
Lightning Source LLC
La Vergne TN
LVHW051245050326
832903LV00028B/2582